집에서도 쑥쑥 크는 향긋한 채소들, 기르는 법부터 먹는 법까지

우리 집
채소 생활

✳

✳ 이윤선 지음

지콜론북

일러두기

* 본 도서는 국립국어원 표기 규정 및 외래어 표기 규정을 준수하였습니다.
  다만 채소 이름 등 일부 입말로 굳어진 경우에는 작가의 표기 규정을 따랐습니다.
* 프로그램명, 만화명은 < >로 표기하였습니다.
* 기본 계량의 경우 1T의 기준은 일반 밥숟가락을, 1t의 기준은 티스푼으로 하였습니다.
* 본문 사진 ©이윤선, ©StudioH(카이란, 줄기콩, 비올라, 파프리카, 완두, 방울토마토, 비트, 래디쉬, 당근)
* 본문 일러스트 ©youngyung_works, 1장 일러스트 ©이윤선

| 1. | 채소 생활 준비하기 |

10	채소가 필요로 하는 것
12	채소 기를 창문 정하기
14	화분 고르기
19	필요한 도구 준비하기
20	흙 준비하기
23	물 준비하기
26	씨앗 준비하기
28	파종하기
30	채소 가꾸기
36	분갈이하기
38	병해충 관리하기
41	천연 살충제 만들기

| 2. | 잎채소 기르기 |

46	녹색의 선명함, 어린잎 채소
54	5월의 크리스마스, 케일
62	밭의 꽃다발, 버터헤드레터스
70	풋풋한 여름, 카이란

| 3. | 허브 채소 기르기 |

82	은은한 싱그러움, 레몬버베나
90	조금 먼 곳, 바질
98	다재다능, 차이브
106	상쾌한 여름의 향, 박하
114	식탁 위의 숲, 와일드 루꼴라

| 4. | 줄기채소 기르기 |

128	차곡차곡 향긋한, 셀러리
138	자연을 노래하다, 미나리
146	어린 시절의 추억, 시금치
154	애틋한 기억, 줄기콩

5. 꽃 채소 기르기

166	보랏빛 나비, 비올라
174	이달의 초하루, 카렌듈라
182	자유로운 헤엄, 금어초
190	푸른빛 깃털, 수레국화

6. 열매채소 기르기

202	들뜨는 마음, 딸기
210	밭의 보석, 파프리카
218	보들보들 꼬투리, 완두
228	그해 여름, 방울토마토

7. 뿌리채소 기르기

242	고소한 단맛, 비트
252	둥그런 웃음, 순무
260	발그레한 방울, 래디쉬
268	선명한 자연의 색, 당근

자연이 가지고 있는 색감에 홀려 농촌으로 내려왔습니다.
당근 잎이 예뻐서 무작정 내려온 농촌, 아무런 준비 없이
농업과 농촌을 맞이하며 몸도 마음도 지친 적도 있었어요.
그럴 때 자연을 바라보고 있으면 자연이 주는 위로와
아름다움에 서럽고 외로웠던 시간을 훌훌 털어버릴 수
있었습니다. 지금은 저도, 저로 인해 지역에 내려오게 된
가족과 친지들도 다시 도시로는 돌아가지 못할 것 같다는
이야기합니다. 농촌이 아닌 도시와 집 안에서도 자연의
따뜻한 위로를 느낄 수 있으면 얼마나 좋을까 하는 마음에
책을 엮게 되었습니다. 독자 여러분도 집에서 채소를 기르며
채소가 가진 아름다움을 발견하고, 직접 기른 채소로
요리해 먹는 기쁨을 느껴보기를 바랍니다. 시멘트 틈
사이에서 피어나는 민들레처럼 도시에서도
일상 곳곳에 숨어있는 자연을 찾아보기를 바랍니다.

1

채소 생활
준비하기

채소 생활
준비하기

채소가 필요로 하는 것

채소를 싱싱하게 기르기 위해서는 채소를 기르는 공간에 볕과 그림자, 바람이 얼마나 드는지 알아야 합니다. 모든 작물이 같은 양의 영양분을 필요로 하는 것은 아닙니다. 과일과 토마토를 포함한 열매채소는 색이 짙고 탐스럽게 자라기 위해 온종일 많은 양의 햇빛이 필요합니다. 하지만 그 외의 잎채소류, 줄기채소는 그늘에서도 잘 자랄 수 있습니다. 오히려 양상추와 같이 큰 잎을 먹는 채소는 햇빛을 온종일 받으면 잎이 마르면서 씨앗이 맺히게 됩니다.

집에서는 원하는 작물을 장소 제약 없이 기를 수 있고 작물이 자라나는 속도에 맞춰 배치와 형태를 다양하게 연출하는 기쁨이 있습니다. 이 작은 정원은 맛있는 채소와 허브를 길러 먹을 수 있는 작은 텃밭이자 지친 몸과 마음을 쉴 수 있는 작은 숲이 되고 계절의 흐름을 느낄 수 있는 작은 세트장이 됩니다.

      우리가 먹는 채소에는 모두 원산지가 있습니다. 작물이 어디에서 왔는지 그곳의 환경이 어떠한지 아는 것은 작물을 기를 때 매우 도움이 됩니다. 집안에 볕이 어떻게 들고 나는지 살펴 보세요. 작물을 기르는 일은 관찰하는 것이 8할입니다. 관찰이 생활화되면 채소가 어떤 순간순간을 거쳐 싹을 틔우고 잎이 나고 꽃이 피고 지고 열매를 맺고 지는지 생장의 과정을 지켜보는 기쁨을 누리게 됩니다.

      실내 재배에서 가장 중요한 것은 창문입니다. 바람을 느낄 수 있는 유일한 공간이기 때문이죠. 작물의 성장에는 햇빛만큼 통풍이 중요합니다. 통풍이 잘 되는 장소에서 채소를 기르면 웃자람과 병충해 발생을 줄일 수 있습니다. 비바람이 치거나 날이 영하로 떨어질 때를 제외하고는 항상 창문을 열어두어 바람을 쐴 수 있도록 해주는 것이 좋습니다.

채소 생활
준비하기

채소 기를 창문 정하기

☀ **남향**

정오부터 늦은 오후까지 햇볕이 들어옵니다. 햇빛을 많이 필요로 하는 열매채소도 기를 수 있습니다.

☀ **동향**

아침에만 잠깐 햇빛이 들어오기 때문에 작물이 어릴 때는 웃자람이 생길 수 있습니다. 성장 속도도 대체로 느립니다.

☀ **남동향**

오전부터 이른 오후까지 햇빛이 들어옵니다. 아침 햇살이 강하고 짧아서 전체적으로 햇빛을 받기에는 어렵습니다.

이럴 때는 배치가 중요한데, 햇빛이 많이 필요한 작물을 아침 햇살이 들어오는 쪽 창틀 가까이에 놓아주어야 합니다.

서향

오후에 저무는 햇빛이 들어옵니다. 다른 방향의 창문이 있다면 작물을 옮겨주면서 키우는 것이 좋습니다. 저무는 해는 아침의 햇빛보다 강도가 약하지만 넓은 면적으로 햇빛을 받을 수 있으므로 작물 골고루 햇빛이 들 수 있다는 것이 장점입니다. 햇빛을 많이 보지 않아도 잘 자라는 잎채소들을 키우기에 적당하지만, 햇빛을 많이 필요로 하는 열매채소에는 적합하지 않은 장소입니다.

남서향

정오가 지나면 강한 햇빛이 들어오고 늦은 오후로 가면서 깊숙하지만 얕은 햇빛이 들어옵니다. 봄과 가을에는 해가 깊이 들어와서 햇빛을 받는 면적이 넓습니다.

채소 생활
준비하기

화분 고르기

테라코타 화분

테라코타 화분은 어느 작물과도 잘 어울립니다.
하지만 가격이 비싼 편입니다. 서리 방지 기능이
있는지 없는지, 얼마나 물을 머금고 있는지에
따라서 가격 차이가 크게 납니다. 테라코타는
배수에 탁월하며 물이 다공성 점토를 통해 증발하기
때문에 냉각 효과를 만들어 과열되지 않습니다.
테라코타 화분에 심은 작물은 자주 물을 주어야
합니다. 테라코타 화분은 무겁기 때문에 이동이
필요한 식물은 피하는 것이 좋습니다.

플라스틱 화분

플라스틱 화분은 가벼운 것이 가장 큰 장점입니다. 형태와 색상이 다양해 분위기 연출이 가능하고 수분을 충분히 유지해 줍니다. 그러나 빛에 과하게 노출되면 형태나 색상이 변질될 수 있습니다. 무게가 가볍기 때문에 토마토와 완두와 같이 크게 자라는 식물에 적합합니다. 플라스틱 화분은 쉽게 구할 수 있지만 쉽게 버려지기도 합니다. 계속 사용하지 않을 거라면 환경을 생각해서 신중하게 구매해 주세요.

금속 화분

금속 화분은 가볍고 튼튼합니다. 다만, 여름철에는 화분의 온도가 올라가 뿌리가 손상될 수도 있습니다. 직사광선 아래에 두지 않고, 물 구멍을 충분히 뚫어 주세요.

세라믹 화분

세라믹 화분은 무겁고 가격이 비싼 편입니다. 게다가 대체로 구멍이 하나만 뚫려 있어 통풍이 어렵고 낮은 온도에 취약합니다. 세라믹 화분은 실용적이지는 않지만 예쁘고 다양한 화분으로 다양한 분위기 연출이 가능합니다.

천 화분

천으로 된 화분은 모든 작물에게 적합합니다. 가격이 저렴한 데다가 이동하기 쉽고 몇 년간 재사용이 가능합니다. 크기도 다양하여 호박이나 감자를 기르기에도 충분히 큰 사이즈도 있습니다. 천으로 된 화분은 동시에 여러 가지 작물을 재배하는 데 사용할 수 있습니다. 배수가 좋아 뿌리가 더 건강하게 자란다는 연구 결과도 있습니다. 사용하지 않을 때는 접어서 보관하기 쉽지만, 뜨거운 볕에 직접 장시간 노출이 되며 천은 급속도로 삭기 때문에 천으로 된 화분은 직접 햇빛에 장시간 노출되는 장소를 피해 배치하는 것이 좋습니다.

채소 생활
준비하기

나무 화분

오래된 사과 상자와 같은 나무는 분위기 연출에 좋은 소재이지만 소재 특성상 썩게 됩니다. 다년생 작물보다는 샐러드 채소처럼 생육 주기가 짧은 작물에 적합합니다. 나무 화분은 부직포나 코코넛 매트 등을 깔아 흙이 쓸려가는 것을 막아 주어야 합니다. 나무 화분을 준비할 때는 방부처리가 되어 있지 않거나 MDF와 같은 압착시킨 목재는 쓰지 않는 것이 환경에도 작물에도 좋습니다.

생분해 화분

커피 화분이나 코코넛 화분 같은 생분해 화분은 재료의 특성상 열과 습기에 약합니다. 생분해 화분은 물이 닿으면 분해가 시작되기 때문에 장기간 사용은 피하는 것이 좋으며 땅에 묻을 수 있거나 큰 화분으로 옮기기 위한 스타터용으로 적합합니다.

필요한 도구 준비하기

채소 생활에는 장비가 많이 필요하지 않습니다. 원예용 포크, 날카로운 흙손과 물뿌리개면 충분합니다. 괜찮은 전정 가위와 장갑 한 켤레가 추가된다면 완벽합니다.

    일하지 않을 때 보관할 위치를 정해 놓는 것이 좋습니다. 후크를 만들어 도구를 넣을 수 있는 주머니를 걸어 놓는다거나 신발장 아래 칸을 사용하는 것도 방법입니다.

    마지막으로 모든 정원사는 필기구가 필요합니다. 씨를 뿌리고 심을 때 어떤 씨앗을 샀는지, 어떤 병해충 관리액과 퇴비가 효과가 있는지 기록하는 습관을 갖는 것이 중요합니다.

채소 생활
준비하기

흙 준비하기

상토

유기물과 영양분이 들어 있어 양분이 풍부해 씨앗이 싹을 틔우기 위한 용도로 사용합니다. 배양토보다 입자가 곱지만 펄라이트, 피트모스 등이 배합되어 있어 가볍고, 물 빠짐이 좋고, 바람이 잘 통합니다.

배양토

모든 작물에게 적합하도록 배합된 황금비율의 무균 흙입니다. 분갈이할 때는 배양토를 씁니다. 작물의 특성에 따라 마사토나 비료를 더 섞어 주기도 합니다.

지렁이 분변토

지렁이가 뱉어낸 미생물과 영양분이 가득한 흙이에요. 열매채소를 기를 때 밑거름으로 사용합니다.

채소 부산물을 이용한 퇴비 만들기

채소 부산물, EM 음식물 발효제(또는 쌀겨), EM 활성액, 음식물 통, 신문이나 키친타월, 랩

1. 남은 음식의 잔해물을 체를 받쳐 한 번 씻어냅니다. 음식물통에 키친타월 또는 신문지를 바닥에 깔고 씻은 음식물을 넣어줍니다. 이때, 음식물 잔해를 잘게 자르면 분해 속도가 빨라져요.
2. 작물 정리 후 화분에 남은 배양토와 바랜 잎도 음식물 통에 넣어주세요. 버리는 종이를 잘게 잘라 넣어주거나 톱밥을 넣어주는 것도 좋아요.
3. EM 음식물 발효제를 음식물 잔해물 1kg에 20g 정도 넣어줍니다.
4. 키친타월이나 신문지를 맨 위에 다시 올려준 뒤 랩으로 음식물 통을 밀폐시켜 줍니다.
5. 1~2주 후 하얗게 곰팡이가 피어오르면 상토에 섞어 뿌리에 닿지 않도록 식물의 줄기에서 반 뼘 떨어진 지점에 퇴비를 넣어줍니다.

채소 생활
준비하기

Tip 음식물의 수분과 염분을 제거하면 좋지만 반드시 제거하지 않아도 괜찮아요. 미생물이 분해되는 과정에서 모두 분해되기 때문입니다. 단, 염분과 수분이 제거된 상태라면 미생물의 분해 속도가 빨라진답니다.

물 준비하기

작물은 수돗물을 싫어합니다. 온도가 낮고 염소나 칼슘이 많이 들어 있기 때문입니다. 칼슘과 마그네슘이 많이 든 물을 경수, 적게 든 물을 연수라고 부르는데 작물이 가장 좋아하는 물은 빗물과 같은 연수입니다. 연수는 집에서도 쉽게 만들 수 있어요. 물뿌리개나 병에 수돗물을 담고 하룻밤 동안 집 안 가장 따뜻한 곳에 둡니다. 아침이 되면 염소가 증발하고 칼슘이 바닥에 가라앉게 됩니다. 온도도 작물에 알맞은 미지근한 온도가 됩니다.

작물의 잎과 뿌리가 잘 자라게 하기 위해서는 충분한 공기가 필요합니다. 공기가 흙 안쪽까지 공급되려면 석정량의 물을 주는 것이 중요합니다. 물을 너무 많이 주면 흙이 물에 잠기게 되고 뿌리까지 물이 닿지 않아 숨을 쉬지 못한 뿌리가 죽을 수 있습니다. 물을 줄 때는 흙이 푹 젖어 화분 바

채소 생활
준비하기

닥 구멍으로 물이 나올 정도로 듬뿍 줍니다. 한 번에 많은 양의 물을 주는 것은 좋지만 너무 자주 주지는 않도록 합니다. 물을 주고 한 시간이 지나면 물 받침대에 고인 물을 버려줍니다. 오래 고인 물은 뿌리를 썩게 만들 수 있습니다.

대개 화분은 겉흙을 만지면 물을 주는 시기를 알 수 있습니다. 차갑거나 축축하면 물을 줄 필요가 없지만, 표면에 물기가 느껴지지 않는다면 물을 줄 때입니다. 화분을 두드렸을 때 나는 소리로도 물 주는 시기를 가늠할 수 있습니다. '땅땅' 하고 가벼운 소리가 나면 흙이 말랐다는 소리고, '콩콩'과 같이 좀 더 무거운 소리가 나면 아직 물이 충분하다는 소리입니다. 화분의 무게가 평소보다 가벼운 것 역시 물 주기를 판가름할 수 있는 기준이 되기도 합니다.

작물에 물을 줄 때는 전체적으로 골고루 분사될 수 있도록 분무기를 추천합니다. 일자형 물 조리개를 사용하면 물이 일정하게 퍼지지 못하고, 흙이 움푹 파이게 되어 고르고 평평한 표면을 유지하기가 어려워요. 특히 열매채소에 물을 줄 때는 물이 꽃에 직접 분사되지 않도록 조심합니다.

Tip   집을 비울 때 물 주기

❶ 헌 옷 활용법: 구멍이 나서 신지 않는 양말, 헌 옷 등을 끈 모양으로 잘라줍니다. 기다란 끈 한쪽을 화분 밑바닥 구멍에 꽂고, 끈의 다른 쪽 끝을 물속에 내려줍니다. 물을 자주 주지 않아도 되는 식물 기준으로 1~2주일 정도는 버틸 수 있습니다.

❷ 신문지 활용법: 싱크대, 해가 드는 화장실 욕조에 축축한 신문지를 여러 장 겹쳐 놓고 그 위에 화분을 올려 둡니다.

씨앗 준비하기

씨앗을 구입하지 않고도 집에서 먹던 감자나 마늘, 생강 등은 그대로 심어 기를 수도 있고, 키우던 허브가 있다면 씨앗을 채종하거나 꺾꽂이해서 번식할 수도 있습니다. 강낭콩이나 땅콩 같은 콩류는 햇콩을 말려 씨앗으로 사용할 수 있습니다. 하지만 다양한 종류의 채소 생활을 시작하는 간편한 방법은 종묘상에서 씨앗이나 모종을 구매하는 것입니다.

　　씨앗을 구매할 때 씨앗 포장지 뒷면에 적혀 있는 재배 특성, 재배 주의 사항, 재배 적기 표, 포장 연월, 유통기한 등을 참고합니다. 특히 배추나 무 등의 씨앗은 봄, 여름, 가을별로 재배 시기가 나뉘어 품종이 다양하게 나와 있으니 심으려는 계절에 맞게 품종을 고르는 것이 중요합니다.

　　대부분의 씨앗은 발아 보증기한이 2년입니다. 하지만 대파, 들깨, 부추와 같은 양념 채소류는 1년이 지나면 발아율이 떨어지기 때문에 포장 연월을 확인하고 사는 것이 중요합니다. 시판되는 씨앗에는 발아가 잘 되고 유통 중 변질을 막기 위해 화학약품 처리를 하는데 씨앗 표면이 붉거나 파란 염료가 묻은 것이 약품 처리한 씨앗입니다. 손으로 씨앗을 만지고 나서는 꼭 손을 깨끗이 씻어야 하고, 씨앗을 만진 손으로 눈, 코, 입 등을 만지지 않도록 조심해야 합니다.

파종을 하고 남은 씨앗은 지퍼백과 같은 밀폐 용기에 방습제와 함께 밀봉하여 냉장 보관합니다.

Tip 씨앗 구입처

❶ 아시아종묘: 기본적인 채소 씨앗이 다양하고 많은 대형 종묘상입니다. www.asiaseed.kr

❷ 다농: 기본적인 채소 씨앗이 다양하고 많은 대형 종묘상입니다. www.danong.co.kr

❸ 씨앗팜: 마트에서 쉽게 보는 채소가 아닌 희귀 채소로 분류되는 씨앗이 많이 있습니다. www.seed-farm.com

❹ 꽃씨몰: 다양한 꽃씨, 꽃모종을 사기에 좋습니다. www.flowerseed-mall.com

채소 생활
준비하기

파종하기

씨앗을 뿌리기 전 흙에 물을 흠뻑 주면 씨앗이 돌아다니지 않고 원하는 위치에 자리 잡을 수 있게 됩니다. 씨앗에 곰팡이가 피지는 않았는지 상태를 확인한 뒤 1~2개씩 씨앗을 뿌립니다. 씨앗의 깊이는 씨앗 크기의 2배 깊이입니다. 살짝 흙을 다시 덮어준 뒤 살짝만 눌러줍니다. 세게 눌러 흙을 압축시키지 않습니다. 다시 물을 흠뻑 줍니다.

점뿌리기

완두와 같은 콩류, 호박과 같은 비교적 크기가 큰 씨앗은 3인치 화분에 뿌립니다. 작물이 자랄 위치에 살짝 구멍을 내어 2~3알씩 뿌립니다.

흩어뿌리기

아주 작은 씨앗일 경우 작은 화분에 전체적으로 흩어서 골고루 뿌려줍니다.

줄뿌리기

도구를 사용하여 흙 위에 직선을 긋고 줄에 맞추어 씨를 뿌립니다. 줄 간격은 작물이 다 자란 크기의 1.5배에 맞춥니다.

Tip

여러 작물을 큰 화분에 한 번에 심을 수도 있습니다. 그럴 땐 한 줄로 정리해서 심어주고 이름표를 세워주세요.

채소 생활
준비하기

채소 가꾸기

잎채소 싹 솎아주기

와일드 루꼴라나 금어초의 씨앗처럼 아주 작은 씨앗들은 흩뿌려준 뒤 틔운 싹을 솎아줍니다. 작물마다 수확기의 크기만큼 간격을 띄워 심어주어야 합니다. 싹이 2개가 돋으면 1개는 다른 곳으로 옮겨주거나 땅으로 돌려줍니다. 한 곳에서 2개의 싹이 돋으면 서로 양분 다툼을 하느라 성장에 방해가 되기 때문입니다.

열매채소 곁순 따기

열매채소에서 나오는 첫 줄기를 '본줄기'라고 부르는데, 본줄기를 기준으로 뻗어나는 가지 사이에 자라나는 것을 '곁순'이라고 부릅니다. 줄기와 줄기가 시작되는 곳에 자라는 잎을 뜯으면 됩니다. 곁순은 따주어야 열매에게 충분한 양분이 갈 수 있습니다. 곁순에서도 꽃이 피고 열매를 맺지만 하나의 작물에서 여러 열매가 달리는 것은 양분이 나누어지기 때문에 튼실한 열매를 얻기 어려워 하나의 작물에서 3개 이상의 열매를 동시에 수확하는 것은 추천하지 않습니다.

채소 생활
준비하기

열매채소 지주 세우기

완두, 토마토, 파프리카는 지주를 세워주어야
하는 작물입니다. 싹이 돋고 줄기가 10cm 이상
자라면 지주 세울 준비를 해줍니다. 지주를 세울 때
줄기 가까이에 꽂아 뿌리에 무리가 가지 않도록
본줄기에서 5cm 이상 떨어진 곳에 세운 뒤, 지주
끝을 줄기 쪽으로 기울여 끈으로 묶어줍니다.

뿌리채소 수확하기

뿌리채소는 작물마다 수확기가 다릅니다.
래디쉬처럼 작은 뿌리채소는 상토 위로 솟은
뿌리 구의 크기가 3㎝ 이상이 되면 수확합니다.
너무 오래 수확하지 않으면 뿌리 구 아래가
갈라지고 터질 수 있어요. 비트와 순무는 탁구공
이상 크기가 되면 수확기에 접어들기 시작합니다.
비트는 야구공 크기까지도 키울 수 있어서
원하는 크기만큼 기다렸다가 수확해도 좋습니다.
순무 역시 탁구공에서 야구공 크기까지가
수확기입니다.

꽃 채소 오래 보관하기

직접 기른 꽃을 꽃병에 꽂아서 오래 볼 수도 있습니다. 줄기를 비스듬하게 잘라 꽃병에 꽂아 차가운 곳에 두고 물을 매일 갈아줍니다. 물에 설탕과 식초 1t를 섞어 꽃병에 넣으면 좀 더 오래 꽃을 볼 수 있습니다.

허브 채소 월동하기

책에서 소개된 작물 중에 와일드 루꼴라, 차이브, 레몬버베나, 애플민트는 다년생 식물입니다. 다년생 식물은 일년생 작물과 다르게 한 번 수확한 뒤에도 계속해서 수확할 수 있습니다. 다만 겨울에는 생장을 멈추는 휴식기가 있습니다. 휴식기에는 줄기와 가지를 바싹 잘라주고 4~7일에 한 번씩 물 주기를 잊지 않아야 합니다.

채소 생활
준비하기

분갈이하기

빼낸 모종의 아랫부분 1/3이 뿌리로 가득 차 있을 때가 분갈이를 하기에 적기입니다. 뿌리가 많이 보이고, 흙이 부슬부슬 떨어지지 않는 상태입니다. 뿌리가 거의 보이지 않는다면 좀 더 기른 뒤에 옮겨주고, 흙이 거의 남아 있지 않은 채로 뿌리가 바스락거리며 떨어져 나간다면 이미 너무 늦었다는 신호입니다. 이미 늦었다고 해도 더 큰 화분으로 분갈이해 주는 것을 추천합니다.

1. 작물에 물을 줍니다.
2. 신문을 바닥에 깔고 기존 화분의 2배 이상 크기의 새 화분을 준비합니다.
3. 물구멍에 돌멩이를 올려 구멍을 막아줍니다.
4. 줄기를 잡고 화분을 뒤집어서 작물과 흙을 한꺼번에 화분에서 빼냅니다. 단단하게 굳은 흙은 화분을 탁탁 두드리면서 조심스럽게 빼냅니다.
5. 새 화분의 1/3까지 원예용 상토를 채우고 한가운데에 빼낸 작물을 올립니다.
6. 화분 위에서 2cm 아래까지 새 흙으로 덮어주고 물을 흠뻑 줍니다.

채소 생활
준비하기

병해충 관리하기

진딧물

가장 흔한 해충입니다. 웬만한 잎채소부터 열매채소까지 향이 매운 채소가 아니라면 대부분의 채소에 조금씩 생깁니다. 잎의 뒷면이나 새순 부위에 달라붙어 있는 경우가 많은데 눈에 잘 띄기 때문에 초기에 잡아주면 아주 빠르게 번식하지 않습니다. 손으로 잡기 꺼려진다면 테이프로 붙여 잡아도 됩니다. 설탕물과 우유, 막걸리를 분무기에 담아서 뿌려주면 숨구멍을 막아 퇴치할 수도 있습니다.

응애

응애는 눈에 잘 띄지 않는 아주 작은 해충입니다. 거미줄처럼 생긴 액을 채소에 그물을 쳐서 흔적을 남깁니다. 자세히 보면 개미처럼 일렬로 행군하고 있는 것을 볼 수 있습니다. 초기에는 잡기가 쉽지 않아 거미줄이 생긴 뒤에 응애의 존재를 알게 됩니다. 줄이 생긴 주변에 물을 뿌려서 쓸려가게 되면 임시방편으로 제거할 수 있지만 확실한 살충을 위해서는 천연 살충제를 물과 소량 희석해서 뿌려주면 쉽게 없어집니다.

가루이

가루이는 온실가루이와 담배가루이가 있습니다. 보통 오이, 강낭콩, 토마토, 가지 등 열매채소에 발생합니다. 잎 뒷면에 붙어서 진을 빨아 먹고 병을 옮기기도 하죠. 깨알보다 작은 흰나비 모양으로 여럿이 무리를 지어 붙어 있으면 금세 표가 납니다. 물을 분무하면 죽거나 날아가 버리지만 큰 효과는 없습니다. 천연 살충제를 사용하면 쉽게 제거할 수 있습니다.

총채벌레

가장 무서운 해충입니다. 흙 속이나 꽃, 새순 안쪽에서 뿌리며 잎의 진을 모두 빨아 먹는데 눈에 띄지 않을 만큼 작고 날쌔므로 쉽게 찾기 어렵습니다. 손으로 잡거나 물로 씻어내기도 어려우므로 천연 살충제를 사용하는 것을 추천합니다

작은뿌리파리

주로 유충 상태에서 뿌리를 공격합니다. 흙 속에 살기 때문에 눈에

채소 생활
준비하기

잘 뜨지 않습니다. 성충이 되어 하루살이가 되면 실내로 들어옵니다. 하루살이는 곳곳에 파리 끈끈이 트랩을 걸어두면 쉽게 잡을 수 있습니다. 유충을 없애기 위해서는 감자를 작게 잘라 흙 위에 얹어두고 유충이 감자 주변으로 모여들면 감자를 버리거나 천연 살충제를 뿌려 없애줍니다. 흙 위에 천연 살충제를 뿌리는 것도 괜찮습니다.

흰가루병

호박잎처럼 큰 잎 뒤에 생깁니다. 통풍이 안 되고 그늘진 곳에서 발생하는데 잎을 물로 닦아내면 임시방편으로 사라지게 할 수 있습니다. 목초액을 물에 희석하여 닦아내면 어느 정도 살균이 됩니다. 시판되는 천연살균제를 이용하면 큰 효과를 볼 수 있습니다.

뿌리혹병

주로 콩과 작물에서 발생합니다. 뿌리에 혹이 생기는 것으로 식물에 생기는 암과 비슷합니다. 그래서 한 번 걸리면 치료가 어렵습니다. 식물이 고사하는 이유는 과습과 배수 불량이 가장 큰 원인입니다.

천연 살충제 만들기

마늘 물

다진 마늘 1T를 물 100mL에 우려 분무기에 넣고 뿌립니다. 해충이 피하는 냄새이기 때문에 기피제 역할을 할 수 있습니다.

설탕물&우유

설탕물이나 우유는 진딧물 퇴치에 탁월합니다. 햇살이 비추는 시간에 설탕물이나 우유를 진딧물에게 뿌리면 서서히 액체가 굳으면서 진딧물의 숨구멍을 막습니다. 물 100mL에 설탕 10g을 녹여주면 설탕물이 완성됩니다. 설탕물이나 우유를 뿌린 후 1~2시간 후에 깨끗한 물을 다시 분무해 잎에 남아 있는 것이 없도록 씻어내 줍니다.

채소 생활
준비하기

커피 물

집에서 드립 커피를 내려 먹는다면 내리고 남은 커피 물을 사용하면 좋습니다. 만약 드립 커피가 없다면 물 50mL에 알 커피 1T를 희석하여 사용합니다. 커피는 해충이 싫어하는 냄새로 기피제로 사용 가능합니다. 붓을 이용해 잎 사이사이에 발라줍니다.

은행나무

은행나무 잎은 방충제 역할을, 열매는 살충제 역할을 합니다. 은행나무는 해충이 피하는 냄새 중 하나이므로 은행나무의 즙을 희석해서 뿌려줍니다. 노랗게 단풍이 든 것은 효과가 없기 때문에 여름의 푸른 잎과 풋열매를 사용합니다. 잎과 열매를 모두 깨끗이 닦아 믹서에 갈아서 즙을 낸 다음 은행나무 즙 소량과 물을 희석해서 분무해 줍니다.

제충국

제충국은 국화로 만든 살충제입니다. 제충국 원액을 물에 희석해 살포하면 은은한 국화 향도 나고 살충 효과도 있습니다. 제충국 원액은 가든 용품점에서 쉽게 구하실 수 있습니다. 원액은 물과 원액을 500:1로 희석하여 사용해야 하고, 이미 희석되어 완제품으로 나온 제품을 사용해도 됩니다. 희석한 용액은 피부에 닿거나 호흡해도 큰 문제가 되지는 않지만, 예로부터 사약으로 쓰였을 만큼 성분이 매우 강하기 때문에 먹지 않도록 피부에 많이 닿지않도록 조심합니다.

2

잎채소 기르기

녹
　　색의

　　선명함,

어린잎 채소

몸도 계절의 흐름을 아는 것인지 봄이 되면 싱싱한 채소가 듬뿍 들어 있는 비빔밥이 먹고 싶어진다. 매운 듯하면서 고소하고 보라색 갈대처럼 예쁜 레드프릴, 초록 물결을 닮은 오크, 달고 시원한 생채, 얇고 부드러운 적로메인. 이렇게 네 가지 채소를 넣고 고추장과 들기름만 넣어 비벼도 봄에는 그게 그렇게 달콤하게 느껴질 수가 없다.

    이런 잎채소들이 봄이 되면 유독 맛있게 느껴지는 이유를 첫해 겨울을 보내고서야 알았다. 농촌에 내려와 농사를 지은 첫해에는 친숙하고 쉽게 기를 수 있는 잎채소를 주로 길렀다. 그때는 판매할 곳도 마땅치 않아 대부분 직접 먹었다. 농사를 시작하며 갑자기 종일 몸을 쓰는 일을 하고 집에 돌아오면 밥맛을 잃어버릴 정도로 지친 상태가 되었다. 제대로 차려 먹는 끼니 대신 간단하게 샐러드와 맥주를 먹는 일상이 여름부터 지속되었다. 그런데 가을부터 아프던 배가 두세 달이 지나 겨울을 맞이할 때까지 낫지 않아 심각성을 느끼고, 이곳저곳 병원을 가기 시작했다. 병원에서는 도시에서 살다가 농촌에 내려오면 그럴 수 있다고 말과 함께 항생제를 처방했다.

    첫해에는 인맥에 기대어 요리 선생님의 워크숍을 가거나, 지역에서 요리 워크숍에 참여할 수 있는 기회들이 종종 있었다. 그때 요리 선생님이 생 채소는 차갑기 때문에 불에 익힌 채소와 함께 먹거나 따뜻한 성질의 음식과 함께 먹지 않으면 배가 아플 수 있다고 했다. 첫해 겨울의 복통을 생각하니 고개가 저절로 끄덕여졌다. 처방된 약들을 먹어도 배가 회복되지 않았던 것은 차가운 성질의 음식을 먹고 있어서였다. 머리로는 알고 있었던 음식과 몸의 관계를 직접 느끼게 된 첫 경험이었다.

잎채소
어린잎 채소

어린잎 채소를 기르는 법

☼ 그늘	◊ 3~4일에 한 번	🌡 15~25℃	≋ 가끔 환기

추천 품종	레드프릴, 생채, 오크 상추, 적로메인
추천 흙	원예용 상토
파종	2~10월 여름이나 건조한 날에는 1~2일에 한 번씩. 겉흙을 만졌을 때 물기가 느껴지지 않으면 물을 줍니다.
모종	어린잎 채소는 발아가 어렵지 않아 씨앗부터 싹으로 기르는 것을 추천합니다.
수확	겨울에는 파종 후 30일, 여름에는 파종 후 2~3주 뒤 잎이 5장 이상이 되면 수확합니다.
비료	비료를 주지 않아도 괜찮아요.

어린잎 채소는 우리가 흔히 먹는 샐러드 채소나 쌈 채소 크기까지 자랄 수 있지만, 어릴 때 수확하는 채소를 말합니다. 큰 잎채소는 마트에서 파는 채소처럼 크게 키운 다음 잎만 따주면서 계속 먹을 수 있지만, 어린잎 채소는 한 번 수확하면 다시 자라기 어렵습니다. 하지만 어릴 때 먹는 것과 크게 키워 먹는 맛은 확실히 다릅니다. 어린 잎이 조금 더 싱그럽다고 해야 할까요?

1. 씨앗을 파는 가게나 인터넷 쇼핑몰을 통해 72구 트레이를 주문합니다. 트레이가 없다면 작은 화분을 사용해도 괜찮습니다.
2. 트레이에 흙을 담고 물을 흠뻑 줍니다.
3. 구멍 하나 당 씨앗 1~2개를 뿌려주세요. 심는 깊이는 씨앗 크기의 2배이기 때문에, 잎채소처럼 작은 씨앗은 너무 깊지 않게 심지 않도록 주의합니다.
4. 씨앗 위에 상토를 얇게 올려줍니다.
5. 다시 물을 흠뻑 준 뒤 직사광선이 들지 않는 서늘한 곳에 두고 촉촉함을 유지할 수 있도록 물 주기를 잊지 않습니다.

6. 싹이 오르기 시작하면 볕이 드는 창가로 옮겨주고, 2~3일에 한 번씩 겉흙을 만졌을 때 물기가 느껴지지 않는다면 물을 줍니다.
7. 잎이 4장 이상 나기 시작하면 어린잎으로 수확이 가능합니다.

어린잎 채소를 먹는 법

어린잎 샐러드

어린잎 채소 200g, 파프리카 1/2개, 양파 1/4개, 유자청 1T, 레몬즙 3T, 올리브유 3T, 소금 조금, 백후추 조금

1. 어린잎 채소를 깨끗이 씻어 물기를 빼고, 파프리카는 채썰어주세요.
2. 양파는 다져주세요.
3. 작은 볼에 다진 양파, 유자청, 레몬즙, 올리브유, 소금을 잘 섞어줍니다.
4. 큰 볼에 어린잎 채소와 채 썬 파프리카를 넣고 3의 소스를 뿌려줍니다.
5. 후추를 갈아서 뿌려줍니다.

5월
　　　의

　크리스~
　　　마스,

케일

처음 농사를 시작한 오 년 전에는 샐러드 채소를 주로 길렀다. 그때는 농업을 배운다는 마음으로 일을 시작했기 때문에 특정 채소에 대한 애정이나 애틋함은 없었다. 다만 내가 길러내는 것을 먹을 수 있다는 것 자체가 경이롭고 신기할 뿐이었다.

그렇게 첫해에 만난 케일은 '맛짱 케일'이다. 맛짱 케일은 흔히 마트에서 볼 수 있는 잎이 커다란 케일인데, 다양한 샐러드 잎채소 중 하나라고만 여겼다. 맛짱 케일은 아주 더운 날씨를 빼고는 쑥쑥 자랐다. 쌈 채소로도 먹고, 샐러드로도 먹고, 사과와 함께 갈아서 주스로도 먹었다. 그렇게 맛짱 케일에 푹 빠지고 나자 '잎 브로콜리'라고 불리는 토스카노 케일이 눈에 들어왔다. 토스카노 케일은 표면이 울퉁불퉁하여 특이한 형태가 마음에 쏙 들었다. 겨울이 되어 날이 추워지고 모든 채소가 조금씩 더디게 자라는 시간이 되자 토스카노 케일 특유의 짙은 녹색이 크리스마스트리의 모습처럼 느껴지기 시작했다. 겨울 분위기에 어울리는 채소였다. 생채나 버터헤드레터스 같은 양상추 식감의 메인 채소에 래디쉬, 레드프릴, 토스카노 케일만 있으면 크리스마스나 연말 파티 분위기는 식은 죽 먹기다.

잎채소
케일

케일을 기르는 법

☀️ 그늘	💧 2~3일에 한 번	🌡️ 15~25℃	〰️ 자주 환기

추천 품종	토스카노 케일(잎 브로콜리), 적꽃 케일, 백꽃 케일, 맛짱 케일, 적곱슬 케일
추천 흙	원예용 상토
파종	2~10월
모종	케일은 발아가 어렵지 않아 씨앗부터 기르는 것을 추천합니다.
수확	파종 후 2개월 케일 한 장의 잎이 손바닥 크기가 되었을 때 수확합니다.
비료	비료를 주지 않아도 괜찮아요. 청벌레가 생길 수 있으니 케일 잎이 손가락 세 마디 크기가 넘어가면 막걸리 방제를 일주일에 한 번씩, 여름에는 두 번씩 뿌려주는 것을 추천합니다.

케일은 모양과 쓰임에 따라 크게 세 가지로 분류됩니다. 흔히 녹즙이나 쌈으로 사용되는 쌈 케일과 아름다운 빛깔을 지닌 꽃 케일, 잎 가장자리가 쭈글거리는 곱슬 케일이 있습니다. 외국에서는 곱슬 케일을 스코치Scotch라 부르며 잎끝만 살짝 곱슬거리는 러시안 케일은 시베리안Siberian 계열의 품종입니다. 오너멘털 케일ornamental kale이라고도 불리는 케일은 주로 일본에서 많이 재배하고 일본에서는 '하보단 케일'이라 불립니다. 품종의 특성상 추운 계절을 만나야 아름다운 제 빛깔을 냅니다. 따뜻한 지역에서 재배되는 차이니즈 케일은 대만과 중국 남부, 동남아시아에서 주로 재배되는데 잎이 크고 자라는 속도 역시 빠른 것이 특징입니다. 최근 들어 마트에서 쉽게 만날 수 있는 케일이 이 차이니즈 케일입니다.

  케일은 우리가 알고 있는 다양한 배춧속 식물의 조상입니다. 야생의 케일에서 잎이 발달한 것은 배추 혹은 양배추가 되고 잎겨드랑이가 발달한 것은 방울양배추가 됩니다. 또 뿌리가 발달한 것은 무와 순무, 줄기가 비대한 것은 콜리비, 꽃이 발달한 것은 브로콜리, 콜리플라워가 됩니다.

  케일은 서늘한 날씨를 좋아하기 때문에 늦여름에서 가을에 파종한 케일은 다음 해 늦봄이나 초여름까지 키울 수

잎채소
케일

있습니다. 차이니즈 계열 케일은 이른 봄에 씨를 뿌려 초여름까지 수확할 수 있고 색을 발현해야 하는 꽃 케일류는 늦여름에 씨를 뿌려 겨울부터 다음 해 늦봄까지 수확하는 것을 추천합니다.

1. 제일 작은 화분 3인치 또는 6cm에 상토를 담아줍니다.
2. 물을 흠뻑 줍니다.
3. 화분 하나 당 씨앗 1~2개를 뿌려주세요.
4. 상토를 얇게 올려줍니다.
5. 다시 물을 흠뻑 준 뒤 직사광선이 들지 않는 서늘한 곳에 두고 촉촉함을 유지할 수 있도록 물 주기를 잊지 않습니다.
6. 싹이 오르기 시작하면 볕이 드는 창가로 옮겨주고, 2~3일에 한 번씩 겉흙을 만졌을 때 물기가 느껴지지 않는다면 물을 줍니다.
7. 연한 케일 잎이 좋다면, 케일 잎이 손바닥 반만 한 크기가 되었을 때, 본줄기 옆의 잎 줄기의 끝을 잡고 옆으로 비틀어 줍니다. 잎이 깨끗이 톡 떨어집니다.

케일을 먹는 법

케일 구이

케일 15장, 올리브유 1T, 고춧가루 1T, 소금 1/2t

1. 케일을 씻은 뒤 줄기 아랫부분은 잘라내고 줄기 위의 케일 잎을 잘게 잘라줍니다. 손질한 케일은 4컵 분량이 나옵니다.
2. 볼에 자른 케일 잎을 넣고, 올리브유, 고춧가루, 소금을 넣고 버무립니다.
3. 오븐 팬에 포일을 깔고 케일을 고르게 펴 줍니다.
4. 200도에서 5분간 구운 뒤 케일을 뒤집어 다시 5분간 구워줍니다.

밭의

꽃다발,

버터헤드레터스

버터헤드레터스를 자르면 보이는 하얗고 노랗고 푸른 그라데이션이 아름다워, 나는 종종 다른 이들에게 선물하곤 한다. 한껏 풍성한 버터헤드레터스를 선물할 때면 반응도, 줄 때의 기분도 좋아서 늘 어깨를 으쓱하게 만들어준다.

젊은 사람도 많지 않은 데다 아무런 연고가 없는 농촌에서 나는 낯가림이 심해져 사람을 사귀는 게 어렵게 느껴졌었다. 그럼에도 집과 농장만 왔다 갔다 하던 나를 살갑게 인사해 주는 이웃이 한두 명 생기기 시작했다. 어느 날 그런 이웃에게 버터헤드레터스를 선물하러 갔다가, 되려 대접 받은 일이 있었다. 선물로 가져간 버터헤드레터스로 맛있는 샐러드를 만들어 치즈, 와인을 더한 식사에 함께하게 된 것이다. 그 따뜻한 초대가 낯선 마음을 편하게 만들어주었다.

아마도 버터헤드레터스가 계속 예뻐보이는 이유는 농촌에 온지 얼마 되지 않던 시절에 버터헤드레터스를 통해 얻어진 인연 때문이 아니었을까. 그래서 여러 재료를 넣은 다른 샐러드보다 버터헤드레터스에 방울토마토와 치즈, 발사믹과 올리브유만 뿌린 단순했던 그날의 샐러드가 가장 맛있게 느껴진다.

잎채소
버터헤드레터스

버터헤드레터스를 기르는 법

☀️ 반그늘	💧 3~4일에 한 번	🌡️ 15~25℃	〰️ 가끔 환기

추천 품종	버터헤드레터스
추천 흙	원예용 상토
파종	2~10월
모종	버터헤드레터스는 발아가 어렵지 않아 씨앗부터 키우는 것을 추천합니다.
수확	파종 후 2개월 결구된 버터헤드레터스가 주먹 2개 크기 이상일 때 수확합니다.
비료	비료를 주지 않아도 괜찮아요.

버터헤드레터스의 수확기는 주먹 2개 크기만큼 커지고, 만졌을 때 겹겹이 쌓인 잎이 꽉 차 있어 단단한 감촉이 느껴질 때입니다. 3인치 작은 화분에 모종을 내어 화분이 비좁아지면 지름 30cm 이상의 화분으로 옮겨줍니다. 수확까지 최대 2개월이 걸립니다. 이른 봄과 늦은 여름에 두 번, 씨 뿌리기가 가능합니다. 싹이 트고 난 뒤에는 볕이 충분히 드는 창가에서 3~4일에 한 번씩 물을 주어야 합니다.

1. 제일 작은 화분 3인치 또는 6cm에 상토를 담아줍니다.
2. 물을 흠뻑 줍니다.
3. 화분 하나 당 씨앗 1~2개를 뿌려주세요.
4. 상토를 얇게 올려줍니다.
5. 다시 물을 흠뻑 준 뒤 직사광선이 들지 않는 서늘한 곳에 두고 촉촉함을 유지할 수 있도록 물 주기를 잊지 않습니다.
6. 싹이 오르기 시작하면 볕이 드는 창가로 옮겨줍니다. 겉흙을 만졌을 때 물기가 느껴지지 않는다면 물을 줍니다.
7. 자란 버터헤드레터스가 화분 윗면을 덮어버리면, 지

름 25cm 이상의 화분을 준비합니다.
8. 화분의 1/3만큼 상토를 채운 뒤, 작은 화분에서 처음 심었던 흙과 버터헤드레터스 전체를 들어 올려 넣고 남은 부분을 상토로 채워줍니다.
9. 모종을 옮겨 심고 나면, 화분 시작점 아래로 3~5cm 이하로 흙을 평평하게 채워주어야 합니다.
10. 처음 씨앗이 발아했을 때처럼 물을 흠뻑 줍니다.
11. 겉흙이 마르지 않도록 물을 자주 줍니다.
12. 주먹 2개 정도의 크기가 되면, 결구된 버터헤드레터스를 한 손으로 잡고 옆으로 반 바퀴 돌려주거나, 칼로 잎 가장 아래 밑동을 칼로 베어내 줍니다.

버터헤드레터스를 먹는 법

버터헤드레터스 샐러드

버터헤드레터스 1/2통, 템페 1/2개, 루꼴라 한 줌, 방울토마토 5개, 발사믹 드레싱 3T

1. 템페를 2cm 두께로 썰어 구워줍니다.
2. 버터헤드레터스, 루꼴라, 방울토마토는 깨끗이 씻어 물기를 제거한 뒤 먹기 좋은 크기로 자릅니다.
3. 자른 채소 위로 구운 템페를 올리고 발사믹 드레싱을 뿌려줍니다.

Tip 발사믹 드레싱 만들기: 발사믹 식초 4T, 레몬즙 1T, 설탕 2T, 다진 양파 1/2T, 다진 마늘 1t를 넣고 섞어줍니다.

풋풋한 여름

카이란

오 년 전, 무언가에 홀린 듯 서울 살이를 정리했다. 맥락 없이 시골에 내려간다니, 마음이 언제 바뀔지 모르니 지켜나 보자던 친구들과 지인들은 겁 없는 나의 선택을 응원했다. 그들은 시골로 내려가니 좋냐는 질문을 자주 했다. 내려온 지 얼마 되지 않았을 때는 좋다는 대답이 내가 할 수 있는 전부였다. 진심을 전달하고 싶었지만 정확히 무엇이 좋은 건지 설명하는 것은 어려운 일이었다. 여름이 되어서야 무엇이 좋았던 것인지 구체적으로 알게 되었다. 이곳에 내려온 것이 좋다고 말할 수 있게 만든 2할은 색감 때문이었다. 건물에 둘러싸인 도시에서 기억에 남는 색은 회색이다. 이곳에서는 아주 강렬한 초록빛이었다가 오묘한 누런 빛이었다가 새하얀 빛이 뒤덮기도 하고, 그 위로 연한 흙빛이 얼룩덜룩하기도 했다. 어떤 날에는 초록빛 만연하게 풀이 한창이다가 알록달록 열매를 맺기도 하고 하얗고 노란 꽃을 피우기도 했다. 회색빛을 감추기 위한 인위적인 색이 아닌 자연이 가지고 있는 본래의 색. 어느 것으로도 대체할 수 없는 다채로운 색이 집을 나서는 순간부터 펼쳐졌다.

며칠 전, 놀러 온 부모님과 함께 근처에 있는 갤러리에 갔다. 갤러리에 꼭 들어가지 않더라도 풍경을 즐기기 위해 가는 사람이 많을 정도로 아름다운 곳이다. 돌길을 건너던 엄마가 말했다. "어느 작은 시골에 숨은 듯이 사는 지인에게 왜 그곳에 사느냐 물은 적이 있어. 그랬더니 이곳은 눈이 오면 참 예쁘다고 대답하더라. 눈이 오는 찰나의 풍경을 위해 불편함을 감수하면서 시골에 사는 거야."

"엄마, 자연이 가지고 있는 색이 얼마나 아름다운지 알아? 농촌에 산다는 건 그게 전부야." 적어도 나는 그렇다. 내가 이곳에 사는 것은, 다시 도시로 돌아가고 싶지 않은 것은 아름다운 색이 전부다.

잎채소
카이란

카이란을 기르는 법

☼	◊	🌡	≈
빛이 잘 드는 곳	2~3일에 한 번	15~25℃	가끔 환기

추천 품종	카일란
추천 흙	원예용 상토
파종	2월, 8월
모종	5월
수확	꽃봉오리에서 활짝 피기 시작하기 전에 수확합니다.
비료	비료를 주지 않아도 괜찮아요.

1. 제일 작은 화분 3인치 또는 6cm에 상토를 담아줍니다.
2. 물을 흠뻑 줍니다.
3. 화분 1개에 씨앗 1~2개를 뿌려주세요.
4. 상토를 얇게 올려줍니다.
5. 다시 물을 흠뻑 준 뒤 직사광선이 들지 않는 서늘한 곳에 두고 촉촉함을 유지할 수 있도록 물 주기를 잊지 않습니다.
6. 싹이 오르기 시작하면 볕이 드는 창가로 옮겨주고, 2~3일에 한 번씩 겉흙을 만졌을 때 물기가 느껴지지 않는다면 물을 줍니다.
7. 카이란은 길게 자라기 때문에 해를 제대로 받지 못하면 웃자라서 더 길게 자랄 수 있어요. 힘을 제대로 못 받는 듯한 느낌이 든다면 지주대를 꽂아줍니다.
8. 카이란 꽃이 피기 시작하면 수확기입니다. 줄기 전체를 먹을 수 있어 줄기 끝까지 잘라주어도 됩니다. 다만, 끝이 딱딱한 줄기는 먹지 않습니다.

잎채소
카이란

카이란을 먹는 법

카이란 볶음

카이란 5대, 버터 또는 오일 2T, 통후추 조금, 소금 조금

1. 카이란의 긴 대를 5~7cm 간격으로 잘라줍니다. 대가 딱딱한 부분은 사용하지 않습니다.
2. 팬이 달아오르면 버터 또는 기름을 두르고 카이란을 볶아줍니다.
3. 진한 초록색으로 변하면서 숨이 죽으면 바로 불을 끄고 접시에 덜어냅니다. 너무 오래 구우면 아삭한 식감이 사라지니 조리 시간이 길어지지 않도록 주의해 주세요.
4. 통후추를 갈아 넣고 소금으로 간을 합니다.

Tip 카이란은 최소한의 재료로 볶거나 구워내는 것이 채소 본연의 맛을 풍부하게 살려 가장 맛있습니다.

3

허브 채소
기르기

은은한
싱그러움,

레몬버베나

농촌에서는 집을 구하는 게 쉬운 일이 아니라고들 한다. 내가 농촌에 왔던 2017년 1월, 운 좋게 두 곳의 집을 구할 수 있게 되었다. 편의상 골랐던 단층집에는 텅 빈 사무실이 딸려 있었다. 몇 달간 비워두기에는 매달 나가는 월세가 아까워 농장이 있으니 부엌을 만들어보자며 빚을 내고 공간을 만들었다. 부엌에 대한 환상이 있었던 것도, 공간에 대한 욕심이 있었던 것도 아니었다. 부엌에는 큰 정을 주지는 못했지만 큰 노력으로 만들어진 부엌은 언덕 언저리에 있어 해가 지고 나는 것을 볼 수 있었다. 부엌의 맞은편에는 봄에는 밀밭이, 가을에는 메밀밭이 펼쳐진다. 나는 하얀 메밀꽃 피는 여름에서 가을로 넘어가는 때보다 5월에 무르익어가는 밀밭을 좋아했다. 봄에서 여름으로 넘어가는 그 계절, 밀밭에서 맥주를 마시며 해가 지는 모습을 함께 보았던 사람들이 떠오른다. 그들과 나누었던 이야기들은 기억이 나지 않고, 해를 지는 모습을 바라보던 그 사람의 눈빛, 표정, 제스처가 천천히 지나간다. 그때가 떠오르면 여름이 오고 있다는 생각이 든다. 여름 냄새가 느껴진다.

허브 채소
레몬버베나

레몬버베나를 기르는 법

☼ 빛이 잘 드는 곳	◯ 2~3일에 한 번	🌡 15~30℃	≈ 가끔 환기

추천 품종	레몬버베나
추천 흙	원예용 상토
모종	4~5월 씨앗 발아보다 모종을 사서 기르시는 것을 추천합니다.
수확	새순부터 가지 사이 잎이 6장 이상이 되면 수확합니다.
비료	비료를 주지 않아도 괜찮아요. 겨울철에는 바짝 가지치기를 하고, 흙이 마르지 않도록 물을 주는 것을 잊지 않습니다. 겨울철에는 10도 이하로 떨어지지 않도록 추운 날에는 비닐을 덮어 온도를 유지시켜줍니다.

레몬버베나는 향기를 맡으면 계속 생각나는 허브입니다. 허브 중에 가장 진하고 누구나 좋아하는 매력적인 향을 가지고 있습니다. 레몬버베나 향수가 있을 정도로 유명합니다.

하지만 레몬버베나는 더운 지역에서 와서 겨울에 월동하기가 어려워요. 여름처럼 따뜻한 날씨는 손이 많이 가지 않지만 겨울엔 베란다보다는 실내로 들여 두꺼워진 줄기를 바짝 자르고 흙이 마르지 않도록 물 주기를 잊지 말아야 합니다. 그러면 다시 봄이 오고, 여름이 되면 귀여운 새싹이 올라오면서 멋진 향을 은은하게 내기 시작할 것입니다.

1. 고른 모종의 크기의 2~3배 크기의 화분을 고릅니다.
2. 원예용 상토를 화분 1/3까지 채워준 후, 모종을 넣고 화분 윗면 3cm 아래까지 상토로 채워주세요.
3. 물을 흠뻑 줍니다.
4. 겉흙이 말랐을 때 물을 줍니다.
5. 레몬버베나는 빛의 양이 중요합니다. 집에서 빛이 가장 많이 드는 곳에 놓아주세요.
6. 곁가지가 여러 개 뻗어나면 아래에 새로 나는 새순을 두고 위로 자란 긴 줄기들을 수확합니다.

7. 겨울철에 레몬버베나 잎이 더 이상 자라지 않고, 끝이 갈색으로 변하기 시작하면 상토에서 5cm만 남기고 가지를 짧게 잘라줍니다.
8. 겨울철 실내 온도를 10도 이하로 떨어지는 곳에 두지 않도록 유의하고, 그 이하로 떨어지는 날에는 비닐을 덮어 10도 이상의 온도를 유지합니다.
9. 가지치기한 뒤에도 잎이 나지 않더라도, 흙이 마르지 않도록 물 주는 것을 잊지 않아요.

Tip 직사광선은 모든 식물에 위험해요. 직사광선이 아닌 창을 투과한 빛이 드는 곳에 놓아주세요.

레몬버베나를 먹는 법

레몬버베나 워터

레몬버베나 잎 10장, 생수 1L, 레몬청

1. 레몬버베나 잎을 깨끗이 씻은 뒤, 생수 1L에 하루 동안 담가둡니다.
2. 여름에는 냉장고에서 2일간 냉침합니다.
3. 물 대신 마시거나 레몬청을 섞어 시원한 에이드로도 활용할 수 있어요.

조금

　　　먼

　　곳,

바질

늘 조금 먼 곳에 대한 동경이 있었다. 아무런 준비 없이 시작한 농업은 역시나 쉽지 않았다. 그때는 본격적으로 일한다기보다는 도와주는 마음이었다. 도시에서 농촌으로 터전을 옮기고 농업을 통해 밥벌이하겠다는 것도 말하자면 창업과 같다. 그 당시에는, '농사'라는 행위를 밥벌이와 연결 짓는 게 무언가 잘못된 일 같았다. 이 신성한 농사에 자본주의를 연결 짓는다니, 하면서. 나도 몰랐던 사실이었지만, 나는 굉장히 현실적인 사람이었다.

    50만 원으로 생활을 몇 개월간 이어가다 보니, 내 안에 분노, 슬픔, 억울함, 피로감이 마구 쌓여가기 시작했다. 내가 선택한 결과이지만 그 돈으로는 월세를 비롯해 최소한의 생활비로도 턱없이 부족했다. 농촌은 도시보다 수요가 적기 때문에 물가가 싸다고 할 수도 없고, 집 역시 부르는 게 값이다 보니 사람이 살 수 있는 쾌적한 집을 찾는 것도 어려웠다.

    이사와 동시에 벽지를 뜯어내고, 곰팡이 방지 페인

트칠을 하고, 닦고 쓸고 짐을 들였다. 이사가 금세 끝날 줄 알았던 집의 바닥에서는 물기가 올라왔다. 결국, 장판을 다 들어내고 시공사를 불러 새 장판을 깔았다.

장판을 깔아주던 시공사 아저씨는 도시 처자가 혼자 농촌 생활하는 게 쉽지 않다며 나를 볼 때마다 돌아가라고 말했다. 장판만 고치면 될 줄 알았던 집은 그 뒤로도 수도관이 깨져서 사람을 불렀고, 비가 새서 2층 보수를 다시 하는 등 농촌집은 더 이상 경험하고 싶지 않은 일들이 계속해서 벌어졌다. 오 년의 농촌 적응기를 마치며 그 농촌집과도 이별했다. 집과 함께 빚까지 져가며 공들여 만든 공간과도 이별했다. 예쁘게 꾸며 놓았는데 아쉽지 않냐는 주변의 질문에 아쉬움은 전혀 없다고 말했다. 정말로 그 공간은 나에게, 농촌에서의 힘든 시간과 작별하는 느낌이었다. 더 이상의 빚도, 억울함도 이제 내 인생에서 안녕하길 바라며.

허브 채소
바질

바질을 기르는 법

☀️ 빛이 잘 드는 곳	💧 2~3일에 한 번	🌡️ 20~30℃	〰️ 자주 환기
추천 품종	스윗 바질(대중적인 바질, 피자 페스토 등), 제노비스 바질(풍미가 깊어 추천, 피자, 페스토), 오팔 바질(스윗바질과 비슷하며 보라색), 시암퀸타이 바질, 스윗타이 바질, 타이 바질(향신료의 향), 레몬 바질(진한 레몬향), 시나몬 바질(진한 계피향)		
추천 흙	원예용 상토		
파종	4월 중순에서 5월 초 늦봄		
모종	5월 말		
수확	여름 뜨거운 여름은 바질이 한창 잘 자랍니다. 이때 수확하지 않아 통풍이 안 되면 병충해가 오기 쉽습니다. 잎이 어느 정도 생기기 시작하면, 조금씩 수확을 시작해 주세요.		
비료	비료를 주지 않아도 괜찮아요.		

1. 제일 작은 화분(3인치 또는 6cm)에 상토를 담아줍니다.
2. 물을 흠뻑 줍니다.
3. 화분 하나 당 씨앗 1~2개를 뿌려주세요.
4. 상토를 얇게 올려줍니다.
5. 다시 물을 흠뻑 준 뒤 직사광선이 들지 않는 서늘한 곳에 두고 촉촉함을 유지할 수 있도록 물 주기를 잊지 않습니다.
6. 싹이 오르기 시작하면 볕이 드는 창가로 옮겨주고, 2~3일에 한 번씩 겉흙을 만졌을 때 물기가 느껴지지 않는다면 물을 줍니다.
7. 바질 줄기 옆으로 새순이 두세 개씩 뻗어 나오기 시작하면 3배 크기의 화분으로 모종을 옮겨주세요.
8. 새로운 화분의 구멍을 돌로 막고 1/3을 상토로 채운 뒤, 모종을 넣고 화분의 3cm를 제외하고 상토로 모두 덮어주세요.
9. 물을 흠뻑 줍니다.

허브 채소
바질

바질을 먹는 법

바질 페스토

바질 잎 150g, 견과류(잣, 아몬드, 호두, 캐슈넛 등) 70g, 파르메산 치즈 또는 생 치즈 30g, 다진 마늘 20g, 올리브유 150g

1. 절구에 모든 재료를 넣고 빻아주거나 믹서로 갈아줍니다.
2. 빵에 발라 먹거나 올리브유에 마늘을 볶아 마늘 기름을 낸 뒤 삶은 파스타 면과 바질 페스토를 넣어 바질 페스토 파스타로 즐기시는 것을 추천합니다.

다재다능,
차이브

나는 실패가 항상 익숙한 사람이었다. 그래서인지 모르겠지만 어려서부터 포기가 빨랐다. 항상 포기에는 이유가 있었다. 그 이유를 잘 들여다보면 나는 그 누구를 이기거나, 그 누구의 희생을 대가로 치를 만큼 열심히 할 자신이 없기 때문이었다. 나는 '열심히'와 '잘'할 수 있는 능력을 갖추고 태어나지 못했다고 생각했다.

    요리, 옷, 오브제처럼 무언가를 만드는 것을 좋아했는데 그것들은 항상 완벽하게 마무리된 모양은 아니었다. 내가 만든 요리에 대해서 친구의 평은 정말 맛있지만, 너무 예쁘게 만들지 않아서 손으로 마구 집어 먹어도 미안하지 않은 음식이라고 평했고, 내가 만든 옷은, 어디서도 팔지 않을 것만 같은 독특함을 찾는 이가 아니라면 절대 입을 수 없는 옷이었다. 내가 만든 오브제는 누가 보기에도 끝마무리가 되지 않은 이상한 형태라는 것을 직감할 수 있었다. 나는 나의 이

러한 특성을 가장 잘 살릴 수 있는 게 '엄마'라는 생각이 들었다. 요리사처럼 모두가 맛있게 먹을 수 있는 음식이 아니라, 내 배우자와 아이가 맛있게 먹을 수 있는 수준의 음식, 모두가 사고 싶게 만드는 옷이 아니라, 내 아이의 옷을 직접 만들어 입힐 수 있는 수준의 옷 만드는 기술, 아이에게 피아노 치는 법을 가르쳐 줄 수 있는 수준의 피아노 실력, 아이와 함께 집을 재미나게 꾸밀 수 있을 정도의 손재주면 충분했다. 그런 나를 보며 누군가 너는 두루두루 할 줄만 알지, 뭐 하나 제대로 하는 것도 없다며 자신은 기억하지 못하겠지만 지금도 내 마음 한구석에 자리하고 있는 말을 건넨다. 농촌에서의 생활이 오 년이 지난 지금의 나는, 잘하고 싶은 사람이 되었다. 이제는 사랑도, 관계도, 일도, 공부도 잘하는 사람이 되고 싶다. 누군가의 희생이 있어야 한다면 그 희생이 헛되이 되지 않도록 더 열심히 더 잘 해내는 사람이 되고 싶다.

허브 채소
차이브

차이브를 기르는 법

| ☀️ 반그늘 | 💧 1~2일에 한 번 | 🌡️ 15~20℃ | 〰️ 가끔 환기 |

추천 품종	차이브
추천 흙	원예용 상토
파종	2월, 8월
모종	4~5월
수확	차이브 길이가 10㎝ 이상으로 자라 통통할 때 수확합니다.
비료	비료를 주지 않아도 괜찮아요.

차이브의 은은한 향은 모든 음식에 풍미를 살려주는 좋은 식재료가 됩니다. 다년생 허브로 한 번 재배를 시작하면 몇 년이고 차이브를 수확할 수 있습니다. 차이브의 잎 끝이 노랗게 마른다면 그 부분을 잘라주세요. 다시 생생한 차이브 잎이 솟아오릅니다.

1. 제일 작은 화분 3인치 또는 6cm에 상토를 담아줍니다.
2. 물을 흠뻑 줍니다.
3. 화분 하나 당 씨앗 1~2개를 뿌려주세요.
4. 상토를 얇게 올려줍니다.
5. 다시 물을 흠뻑 준 뒤 직사광선이 들지 않는 서늘한 곳에 두고 촉촉함을 유지하도록 물 주기를 잊지 마세요.
6. 싹이 오르기 시작하면 볕이 드는 창가로 옮겨주고, 2~3일에 한 번씩 겉흙을 만졌을 때 물기가 느껴지지 않는다면 물을 줍니다.
7. 차이브 줄기가 10cm 이상이 되면 3cm가량 남기고 잘라줍니다.
8. 11월이 되면, 싱토 위로 3cm가량 남기고 차이브 잎

을 바짝 잘라줍니다.
9. 겨울철에도 흙이 바짝 마르지 않도록 3일에 한 번씩 물주는 것을 잊지 않습니다.
10. 봄이 되면 2배 크기의 화분으로 옮겨 심어줍니다.

차이브를 먹는 법

차이브 버터

차이브 10g, 버터 200g

1. 버터를 실온에 꺼내두어 말랑한 상태가 되도록 준비해 주세요.
2. 차이브는 깨끗이 씻어 키친타월로 물기가 없도록 꼼꼼하게 닦아내 줍니다.
3. 차이브를 잘게 다져줍니다.
4. 버터를 으깨며 차이브와 섞어줍니다.
5. 종이포일에 버터를 잘게 나누어 냉동 보관합니다.
6. 차이브의 은은한 양파 향으로 바게트나 베이글에 발라 먹기 좋습니다.

상쾌한

여름의

향,

박하

어렸을 때는 형제가 많은 게 싫었다. 형제가 몇 명이냐는 질문을 받을 때마다 나는 얼굴을 붉히며 개미만 한 목소리로 "네 명이요."라고 대답했다. 그때는 내 아래로 동생이 두 명이나 있다는 사실이 괜히 창피했다. 엄마 말로는 우리가 태어나는 시대에는 '한 명만 낳아 잘 살자'라는 배경이 있었다고 했다.

이제 와 돌이켜보면 우리는 넷이어서 사소한 것들이 즐거웠고, 행복했고, 웃기는 날들을 보냈다. 토요일 밤에는 다 같이 누워 <토요 미스테리 극장>을 보며 이불을 얼굴 끝까지 올리고는 "귀신 나왔어?" 하고 서로 질문만 던졌다. 일요일 아침에는 눈뜨자마자 일요 특선 만화를 보았는데, 전날 늦게 잠들어 아직 깨지 않은 사람을 서로 깨워주었다.

홍성에 온 첫해, 막 여름이 시작되는 어느 휴일이었다. 아이들이 웃고 떠도는 모습을 집 앞 데크에 앉아 지켜보는데 특선 만화가 시작하기만을 기다리며 광고를 보고 있는 일요일 아침의 기분이 이십 년 만에 찾아왔다. 한참을 아이들을 바라보며 긴 시간을 넘어 찾아온 감정에 머물러 있다가 수박을 잘라 아이들에게 주었다. 아이들은 수박을 받자마자 씨 뱉기 놀이를 했다. 남은 수박은 얼음과 박하 잎을 따서 함께 갈아 주었다. 아이들이 30대가 되어서 어린 시절을 떠올릴 때, 어느 여름날 친구들과 먹었던 그 시원하고 청량한 박하를 넣은 주스가 참 맛있었지 회상할 수 있는 추억이 되기를 바라본다.

허브 채소
박하

박하를 기르는 법

☀️ 빛이 잘 드는 곳	💧 1~2일에 한 번	🌡️ 15~20℃	〰️ 자주 환기

추천 품종	애플민트, 페퍼민트
추천 흙	원예용 상토
모종	4~5월
수확	5~6월 새순 아래 잎이 새끼손가락 한 마디 크기일 때 수확합니다.
비료	비료를 주지 않아도 괜찮아요.

박하는 자생력이 강한 허브 중에서도 가장 번식이 빠르고 엄청난 생명력을 가졌습니다. 박하를 심을 화분도 박하가 가득 채워진다고 가정해 큰 것으로 고르는 게 좋습니다. 씨를 뿌리기보다는 모종을 구매해 삽목 번식하는 것을 추천합니다. 생박하 잎 줄기를 물꽂이해도 금세 뿌리가 납니다. 박하는 양분이 적어도 튼튼하게 자라지만 더운 여름에 통풍이 되지 않으면 진딧물이 생기기 쉬우므로 짧게 이발하듯 수확해 주는 것이 좋습니다.

1. 낮고 좁은 유리잔에 물을 담습니다.
2. 박하 모종의 새순을 대각선으로 잘라줍니다.
3. 낮고 좁은 유리잔에 자른 새순을 꽂아줍니다.
4. 2~3일에 한 번씩 물을 갈아주며 뿌리가 돋았는지 확인합니다. 뿌리가 2~3개 돋으면 농업용 트레이 또는 11인치 작은 화분에 상토를 담아줍니다.
5. 물을 흠뻑 준 뒤 뿌리가 돋은 박하를 옮겨줍니다.
6. 박하는 물을 좋아하기 때문에 하루에 한 번씩 물을 줍니다.
7. 새로 뻗은 새순 위의 줄기를 수확해 줍니다.

허브 채소
박하

박하를 먹는 법

박하 레몬버베나 칼라만시 에이드

박하 두 줌, 레몬버베나 두 줌, 설탕 시럽 50mL, 칼라만시 원액 10mL, 탄산수 100mL, 얼음 조금

1. 냄비에 설탕 시럽을 넣고 끓여줍니다. 설탕 시럽이 끓으면 박하와 레몬버베나를 바로 넣어주세요.
2. 설탕 시럽이 식을 때까지 그대로 둡니다.
3. 시럽이 식고 박하를 건져내면 향긋한 박하청이 됩니다. 박하 청은 냉장 보관하여 3달 이내로 드시는 것을 추천합니다.
4. 박하청 50mL와 칼라만시 원액 10mL를 컵에 담아주세요. 레몬즙으로도 대체 가능합니다.

5. 박하 청과 칼라만시 원액이 고르게 섞일 수 있도록 저어준 뒤, 얼음을 넣고 탄산수를 부어 준 뒤 다시 섞어주세요.
6. 박하 잎으로 장식하면 향긋함이 더 살아납니다.

Tip 설탕 시럽 만들기: 물 25mL, 설탕 25g을 1시간 동안 중약불로 끓여주세요.

식탁

　　위의

　　　　숲,

와일드 루꼴라

모든 게 다 신기하고 신비로웠던 봄이 무르익어 가기 시작하면서, 씨앗을 뿌리고 싹이 나는 것만으로도 신기하던 작물들이 수확기를 맞이했다. 우리가 흔히 마트에서 보는 샐러드 채소, 쌈 채소가 엽채류에 속한다. 엽채류는 수확기에 한 번 수확하면 끝나는 게 아니라, 계속 자라서 2~3일에 한 번씩 수확할 수 있다. 그때는 판로가 없어서 기른 작물을 수확해도 보낼 곳이 없었다. 그렇다고 수확하지 않으면, 작물이 꽃대를 올리기 때문에, 판매할 곳이 없어도 2~3일에 한 번, 여름날에는 매일 수확을 했다.

    기른 채소를 판매하기 위해 마켓의 셀러로 참여해보자며 패기롭게 지역의 색을 입혀 기획도 하고 다양한 지역의 상품과 함께 트럭에 짐을 가득 채워 서울로 향했다. 계획은 몇 주 전부터, 판매 준비만 일주일을 한 것이 무색하게 판매하려고 가져온 채소를 그대로 홍성으로 다시 가져왔다. 직접 생산한 생산물을 파는 곳에 바리바리 싸 온 지역 상품들을 매력적으로 느끼게 만드는 것에 실패하고, 홍성으로 돌아와 일주일 내내 울었다.

나만 빼고 모두가 그대로인 것처럼 보였던 그날의 모습이 홍성으로 돌아오는 내내 알 수 없는 고립감에 휩싸이게 했다. 농부 시장에서 돌아온 다음 날, 농장으로 걸어가는 동안 숨을 계속 골라 보았지만, 농장이 보이기 시작할 무렵, 눈물이 차올라서 걸을 수가 없었다. 버스 정류장에 앉아 꺼이꺼이 울다가 할머님이 버스를 타러 오셔서 소리를 죽이고 눈물이 멈추기를 기다렸다. 일주일 내내 잠자리에 들려고 누웠을 때, 농장에 걸어갈 때, 밥을 먹을 때 수시로 고립감이 가슴에 차오르는 압박을 느꼈다. 서울에서 홍성으로 가는 기차에서, 차 안에서, 아무도 없는 무인도에 서서히 들어가는 기분으로 매번 눈물을 훔쳤던 시절이 있다.

허브 채소
와일드 루꼴라

와일드 루꼴라를 기르는 법

☀️	💧	🌡️	〰️
그늘	2~3일에 한 번	15~20℃	자주 환기

추천 품종	와일드 루꼴라
추천 흙	원예용 상토
파종	2월, 8월
모종	4월
수확	잎이 손가락 세 마디 이상으로 자라면 수확합니다.
비료	비료를 주지 않아도 괜찮아요.

일년생 작물인 루꼴라와 달리 와일드 루꼴라는 다년생 작물입니다. 루꼴라처럼 아름다운 물결무늬를 가지고 있지는 않지만 관리만 꼼꼼히 해준다면 병해충 피해도 적고 2~3년간 신선한 와일드 루꼴라를 수확할 수 있습니다.

베이비 루꼴라와 비슷하지만 매운 맛이 더 진한 와일드 루꼴라는 고소하면서 매콤한 매력적인 페스토를 만들 수 있어요. 와일드 루꼴라는 10cm까지 자라 낮은 높이에 지름이 30cm 정도 되는 화분에서도 충분히 크게 자랄 수 있습니다. 물은 격일로 주는 것이 좋습니다.

1. 제일 작은 화분 3인치 또는 6cm에 상토를 담아줍니다.
2. 물을 흠뻑 줍니다.
3. 와일드 루꼴라는 씨앗이 작으므로 화분에 씨앗 여러 개를 흩뿌려 주세요.
4. 상토를 얇게 올려줍니다.
5. 다시 물을 흠뻑 줍니다.
6. 싹이 올라올 때까지 촉촉한 상태를 유지합니다.
7. 씨앗으로 파종한 와일드 루꼴라의 싹에 쌍떡잎이 나오기 시작하면 제일 작은 화분들을 준비해 주세요.

각 화분당 새싹 하나를 핀셋으로 들어 옮겨 심어줍니다.
8. 물을 흠뻑 주고, 해가 드는 곳으로 옮겨줍니다.
9. 겉흙을 만졌을 때 물기가 없다면 물을 줍니다. 2~3일에 한 번 주면 적당하고 바깥 온도가 26도 이상일 때는 매일 줍니다.
10. 자란 와일드 루꼴라에 비해 화분이 작다고 느껴지면 분갈이해 주세요. 물을 주기 전에 와일드 루꼴라 잎을 잡고 살짝 들어 올려봅니다. 뿌리까지 통채로 쉽게 들어 올려진다면 원래 화분의 2~3배 크기의 화분으로 옮겨주세요. 이때 상토를 밑에 깔아준 뒤 화분의 끝 선 2cm에 아래 깊이에 와일드 루꼴라 모종이 일직선으로 유지될 수 있도록 상토로 채워줍니다.
11. 물을 흠뻑 준 뒤 2~3일간 새로운 화분에 적응하고 있는지 지켜봅니다. 물은 이전과 같이 2~3일에 한 번, 겉흙을 만졌을 때 마른 듯한 느낌이 들면 물을 줍니다.
12. 자란 와일드 루꼴라 잎 전체가 5cm 이상이 되면

3cm가량 남기고 수확해 줍니다. 와일드 루꼴라는 다년생이기 때문에, 계속 자라기 때문에 추운 겨울 전까지 계속 수확할 수 있습니다.

허브 채소
와일드 루꼴라

와일드 루꼴라를 먹는 법

와일드 루꼴라 샌드위치

와일드 루꼴라 한 줌, 버터넛 스쿼시(또는 단호박) 1/4개, 치아바타 1개, 두부 1/4개, 토마토소스 조금, 두유 마요네즈 1T, 슬라이스 모차렐라 치즈 2장

1. 버터넛 스쿼시 또는 단호박과 2cm 두께로 썰어준 뒤 구워주세요.
2. 와일드 루꼴라를 씻어 물기를 제거합니다.
3. 치아바타 한쪽에 토마토소스를 발라줍니다.
4. 두부를 구워 올리고 구운 버터넛 스쿼시 또는 단호박을 올려줍니다.
5. 슬라이스 모차렐라 치즈를 올리고 와일드 루꼴라를

올려줍니다.
6. 남은 치아바타 한 쪽에 두유 마요네즈를 바르고 와일드 루꼴라 위에 올려줍니다.

Tip 두유 마요네즈 만들기
❶ 포도씨유 100mL, 두유, 소금 1T, 식초 1T를 준비합니다.
❷ 두유에 포도씨유를 1~2T 넣은 뒤 믹서로 갈아주세요.
❸ 잘 섞였으면, 다시 포도씨유를 조금씩 넣어가며 섞습니다.
❹ 마지막에 소금과 식초를 넣고 믹서기로 갈아주세요.
취향에 따라 꿀이나, 소금을 가감합니다.

4

줄기채소 기르기

차곡차곡

향긋한,

셀러리

셀러리, 미나리, 고수처럼 향이 강한 채소를 먹지 못하던 때가 있다. 언젠가 싫어하는 것을 적는 과제를 받았을 때, 한 치의 고민도 없이 미나리, 고수, 셀러리를 이야기했던 적도 있다. 그렇게 셀러리와는 연이 없을 줄 알았다.

    그런데 어느 날 지인에게 저녁 식사 초대를 받았다. 직접 만든 여러 음식 중에 '셀러리 김치'가 있었다. 대접을 받았으니 안 먹을 수 없어 숨을 참고 먹어야겠다는 생각으로 집어 들었다. 웬걸, 정말 향긋하고 싱그러웠다. 그전까지는 셀러리의 향이 강해 먹을 수 없었는데 김치 양념과 어우러지니 향이 매력적으로 느껴졌던 것이다. 그 뒤로 혼자 종종 셀러리 김치를 해 먹곤 한다. 저녁 식사에서 먹은 만큼 인상 깊은 맛은 아니지만, 여전히 셀러리 김치는 즐겨 먹는 음식이 되었다.

줄기채소
셀러리

셀러리를 기르는 법

☼ 반그늘	○ 3~4일에 한 번	🌡 15~25℃	≈ 가끔 환기

추천 품종	셀러리 벤튜라
추천 흙	원예용 상토
파종	3월, 9월
모종	4월 말~5월 초 씨앗보다 모종을 키워보는 것을 추천합니다.
수확	파종 후 2~3개월 뒤 줄기 끝을 만졌을 때 단단하면 수확합니다.
비료	여름철이 다가오면 진디가 낄 수 있습니다. 6월 중순까지는 일주일에 한 번씩, 중순 이후부터는 일주일에 두 번씩 설탕물과 우유 방제액을 뿌려줍니다.

1. 제일 작은 화분 3인치 또는 6cm에 상토를 담아줍니다.
2. 물을 흠뻑 줍니다.
3. 화분 하나 당 씨앗 1~2개를 뿌려주세요.
4. 상토를 얇게 올려줍니다.
5. 다시 물을 흠뻑 준 뒤 직사광선이 들지 않는 서늘한 곳에 두고, 촉촉함을 유지할 수 있도록 물 주기를 잊지 않습니다.
6. 싹이 오르기 시작하면 볕이 드는 창가로 옮겨주고, 2~3일에 한 번씩 겉흙을 만졌을 때 물기가 느껴지지 않는다면 물을 줍니다.
7. 본잎이 나오고 잎이 5~6장 이상이 되면 분갈이해 주어도 되고, 그대로 수확까지 길러도 됩니다. 큰 화분으로 옮겨주면 더 길고 튼튼한 줄기의 셀러리를 수확할 수 있어요.
8. 셀러리 줄기 끝을 엄지와 검지로 잡아 밑으로 누른 뒤 옆으로 돌려 따서 수확해 줍니다.

Tip 셀러리 분갈이하는 법

❶ 화분의 1/3만큼 상토를 채운 뒤, 작은 화분에서 셀러리 모

줄기채소
셀러리

종과 처음 심었던 흙과 함께 들어 올려 넣고 남은 부분을 상토로 채워줍니다.

❷ 모종을 옮겨 심고 나면, 화분 시작점 아래로 3~5cm 이하로 흙을 평평하게 채워줍니다.

❸ 처음 씨앗이 발아했을 때처럼 물을 흠뻑 줍니다.

❹ 셀러리 줄기 시작점이 손가락 한 마디 정도가 될 때까지 겉흙이 마르지 않도록 물을 줍니다.

셀러리를 먹는 법

셀러리 김치

셀러리 2줄기, 쪽파 3대, 양파 1/2개

1. 깨끗이 씻은 셀러리의 줄기 부분을 세로로 반으로 잘라줍니다.
2. 세로로 자른 줄기를 가로로 눕혀 3cm 간격으로 잘라줍니다.
3. 쪽파는 5cm 간격으로 썰어주세요.
4. 양파는 채 썰어줍니다.
5. 양념 재료를 모두 섞고, 물을 붓고 10~15분간 양념이 불 때까지 기다려 주세요.
6. 양념이 버무려지지 않을 정도로 뻑뻑하면 물을 조금

씩 더 넣어줍니다.
7. 셀러리, 쪽파, 양파를 섞고 양념을 버무려주세요. 따로 숙성을 시키지 않고 바로 드실 수 있습니다.

Tip 양념 만들기: 멸치액젓 1T, 고춧가루 4T, 다진 마늘 1/3T, 다진 생강 조금, 물 1/2컵, 새우젓 1t를 모두 섞어 줍니다.

자연을

노래하다,

미나리

20대 초반에는 나 자신을 줏대 없는 사람이라고 생각했다. 무엇을 하든 엄청 좋지도 엄청 싫어하지도 않는 사람. 친구와 함께 밥을 먹으러 가면 "오늘 뭐 먹을까?"라는 질문에 항상 "아무거나."라고 대답했다. 그러다 누군가 "샤브샤브 먹을래?"라고 물으면 좋다고 하고는 잠시 후에 "미나리 때문에 먹기 싫은데."라는 말을 덧붙였다. 그래서 나를 보면 친구들은 항상 가장 편식이 심한 사람이라며 농담을 했다. 그때의 나는 쌉싸름한 채소의 맛을 싫어했던 터라 미나리, 고수, 셀러리와 같이 향이 강한 채소는 손에 대지 않았다.

어느 날, 농장 일을 마치고 너무 허기가 지는 날이었다. 같이 일하는 동료가 미나리 장아찌 김밥이 있는데 혹시 먹겠냐고 물었다. 미나리라 망설여졌지만 너무 배가 고파서 음식을 가릴 수 있는 상황이 아니었다. 농사를 짓기 시작한 뒤로는 채소를 기르는 사람이 채소를 편식한다는 것이 부끄러울 때도 있었다. 간장에 절인 미나리니 향이 강하지 않을 거라고 생각하며 김밥 하나를 입에 넣었다. 미나리의 향과 김밥 재료들이 너무나 조화로웠다. 새콤달콤함이 곁들여진 은은한 향의 미나리였다. 그 뒤로 모든 볶음 요리를 할 때 미나리를 넣어서 먹게 되었다. 분명 미나리를 떠올리기만 울렁거려 침이 고이는 느낌이었던 적이 있다. 신기하게도 고수도, 셀러리도, 미나리도, 내가 싫어하던 어떤 채소들은 어떤 계기를 겪자 모두 좋아하는 채소가 되었다.

줄기채소
미나리

미나리를 기르는 법

☀️ 그늘	💧 하루에 한 번	🌡️ 15~25℃	〰️ 가끔 환기

추천 품종	돌미나리
추천 흙	진흙, 원예용 상토
모종	봄~여름 미나리는 삽목이 쉬워 마트에서 파는 미나리로 충분히 번식이 가능합니다.
수확	삽목 후 1~2개월
비료	비료를 주지 않아도 괜찮아요.

1. 마트에서 파는 미나리 중에 실뿌리가 뻗은 미나리나 줄기가 도톰한 미나리를 구입합니다.
2. 길쭉한 미나리 줄기에 가로로 선이 선명하게 그어진 부분을 위아래로 5cm만 남기고 잘라줍니다.
3. 구멍이 없는 가로로 넓은 통에 진흙을 넣어줍니다. 진흙을 구하기 어렵다면 원예용 상토로 채워줍니다.
4. 흙 위에 5cm 정도 차도록 물을 담아줍니다.
5. 흙에 자른 미나리를 간격 20cm 정도로 꽂아주세요.
6. 상토 위에 기르는 경우, 지름 20cm 이상 화분을 원예용 상토로 채웁니다.
7. 화분에 미나리 마디 1개를 꽂아주세요.
8. 항상 촉촉함을 유지할 수 있도록 하루에 한 번씩 물을 듬뿍 줍니다.
9. 미나리 잎이 20cm 이상이 되면 원하는 크기에 수확합니다.

줄기채소
미나리

미나리를 먹는 법

미나리 김치 볶음밥

미나리 한 줌, 대파 1대(흰 부분만), 김치 1/4포기, 밥 2공기, 고춧가루 1T, 들기름 2T, 통깨 가루 1T, 설탕 1t, 소금 1t

1. 깨끗하게 손질한 미나리와 대파를 큼직하게 썰어주세요.
2. 김치를 잘게 썰어주세요.
3. 팬을 먼저 달군 뒤 기름을 달궈주세요.
4. 대파를 기름에 볶아줍니다.
5. 대파가 노릇노릇해지면 김치를 넣고 볶아주세요.
6. 김치의 색이 살짝 변하면 설탕을 넣어주세요.
7. 밥을 넣고 섞어주세요.

8. 만약 밥이 잘 섞이지 않는다면 들기름을 추가로 넣어줍니다.
9. 고춧가루와 소금을 넣고 섞어주세요.
10. 밥이 잘 섞였으면 미나리를 넣어 섞어줍니다.
11. 불을 끈 뒤 들기름과 통깨를 갈아서 뿌려주세요.

어린

시절의

추억,

시금치

지금 아이들은 '시금치'를 하면 무엇을 떠올릴까? 내가 어린 시절만 해도 '시금치' 하면 '뽀빠이'로 자연스럽게 연상되었다. 나는 만화 영화 <뽀빠이>보다 뽀빠이 스낵을 더 좋아했다. 과자보다는 별사탕을 먹기 위해서였지만 과자 봉지의 원색 패키징이 이국적이고 귀여워서 자주 사 먹었다. 만화 영화를 직접 본 적은 없는데도 시금치하면 뽀빠이라는 각인이 여전히 남아 있다. 하지만 만화처럼 시금치가 먹기만 하면 힘이 불끈 솟게 하는 채소는 아니다. 이 잘못된 정보는 1870년 독일의 과학자의 자료에 100g당 철분 3.6mg을 비서가 잘못 타이핑한 데서 기이한다. 3.6mg에서 소수점을 빠뜨려 36mg로 작성한 것이 시금치에게 새로운 이미지를 만들어준 것이다.

1930년대에 자료가 정정되었지만 이 수치를 미국의 시금치 통조림 회사가 상업적으로 활용한 것이 만화 영화 <뽀빠이>다. 여전히 시금치 하면 힘이 불끈불끈 솟는 것 같지만 시금치 내의 철분은 배추나 브로콜리, 마른 콩보다 더 적다. 그렇다고 시금치가 영양이 없는 것은 아니다. 시금치는 다른 채소보다 높은 비타민 C 함량을 가지고 있고 다양한 비타민 군이 들어 있다.

줄기채소
시금치

시금치를 기르는 법

☼ 빛이 잘 드는 곳	◊ 2~3일에 한 번	🌡 15~25℃	≈ 가끔 환기

추천 품종	풀라 시금치, 바리 시금치
추천 흙	원예용 상토
파종	2월, 8월
수확	파종 후 2개월
비료	밑거름이 필요합니다. 씨앗을 뿌리기 전에 6cm 화분 기준으로 달걀 껍질 반 개를 믹서에 갈아 원예용 상토와 섞어줍니다.

1. 제일 작은 화분3인치 또는 6cm에 상토를 담아줍니다.
2. 물을 흠뻑 줍니다.
3. 화분 하나 당 씨앗 1~2개를 뿌려주세요.
4. 상토를 얇게 올려줍니다.
5. 다시 물을 흠뻑 준 뒤 직사광선이 들지 않는 서늘한 곳에 두고 촉촉함을 유지할 수 있도록 물 주기를 잊지 않습니다.
6. 싹이 오르기 시작하면 볕이 드는 창가로 옮겨주고, 2~3일에 한 번씩 겉흙을 만졌을 때 물기가 느껴지지 않는다면 물을 줍니다.
7. 시금치를 연하게 먹고 싶다면 전체 시금치가 손바닥만 해졌을 때부터 손바닥 2개 크기까지 원하는 크기로 수확할 수 있습니다. 시금치는 전체를 뽑아 뿌리까지 깨끗이 씻어 먹습니다.

시금치를 먹는 법

시금치 딜 페스토

시금치 두 줌, 견과류 한 줌, 다진 마늘 1T, 올리브유 10T, 그라나 파다노 치즈 50g, 딜 10g, 소금 조금, 후추 조금

1. 깨끗하게 씻은 시금치를 끓는 물에 데쳐주세요.
2. 시금치의 색이 진해지면 바로 건져냅니다.
3. 페스토를 오래 보관하기 위해서 데친 시금치 물기를 제거해 주세요.
4. 믹서 또는 절구에 모든 재료를 넣어 갈아주세요.

Tip 통후추는 믹서 사양에 따라 갈리지 않을 수 있으니, 분쇄기를 이용해서 갈아서 넣어주세요.

애틋한 기억,

줄기콩

도시에서 살 때에는 버스가 주는 특유의 분위기를 좋아했지만 농촌에서는 그러지 못했다. 어쩌면 농촌 버스의 다른 불편함이 분위기를 찾을 수 없게 만들었을지도 모른다. 한 시간에 한 대가 올까 말까 한 버스는 탈 때마다 버스마다 타는 곳이 모두 달라 어디서 타야 하는지 헷갈렸고, 정류장 어느 곳에도 언제 버스가 오고 어디서 내려야 하는지 나와 있지 않았다. 서울에서는 지도 앱을 이용하면 어디든 쉽게 갈 수 있어 불안하지 않았지만, 이곳은 서울이 아닌 홍성, 시골이었다.

    시내에서 누군가를 만나야 하는 날이었다. 서둘러 나와 농장에 먼저 들렀다. 작물을 한번 둘러보는데 줄기콩이 어느새 수확기에 접어 들었다. 한낮의 태양이 슬그머니 기울며 햇볕이 노란색, 보라색, 초록색 세 가지 색의 줄기콩을 내리쬐고 있었다. 빛을 받은 줄기콩의 색이 아름다워 이때가 아니면 알록달록한 색을 놓칠 것만 같아 곧바로 수확했다. 곧 다가올 여름의 기운으로 쑥쑥 자란 풀 틈에 줄기콩을 놓고 사진을 찍었다. 그날의 풋풋한 기분과 색색의 설렘은 선명히 기억한다.

    사진을 찍고 정류장에서 버스를 기다리다보니 건너편에 친구가 서 있었다. 혹시 시내로 가려면 거기서 타야 하냐고 물었다. 역시나 내가 서 있던 장소는 잘못된 방향이었고, 친구가 없었다면 꼼짝없이 모르는 곳으로 갔을 것이었다. 친구 덕에 시내로 가는 버스를 제대로 탈 수 있었다. 시내로 가는 버스 안에서 친구의 안부를 물으니 지루하지도 불안하지도 않았다. 그날 친구를 만나 버스를 제대로 타지 못했다면, 그날의 기억이 여전히 설렘의 기억으로, 줄기콩을 보면 떠오르는 기억으로 남았을지 궁금해진다.

줄기채소
줄기콩

줄기콩을 기르는 법

☀️ 빛이 잘 드는 곳	💧 2~3일에 한 번	🌡️ 15~25℃	〰️ 자주 환기

추천 품종	그린 빈스 채두
추천 흙	원예용 상토
파종	3월, 9월
모종	4월, 9월
수확	파종 후 2~3개월 길이가 10cm 이상일 때부터 콩이 차기 시작합니다. 콩 형태를 띠면 식감이 딱딱해지기 시작하기 때문에 10~15cm 사이에 수확합니다.
비료	비료를 주지 않아도 괜찮아요.

1. 제일 작은 화분 3인치 또는 6cm에 상토를 담아줍니다.
2. 물을 흠뻑 줍니다.
3. 화분 하나 당 씨앗 1~2개를 뿌려주세요.
4. 상토를 얇게 올려줍니다.
5. 다시 물을 흠뻑 준 뒤 직사광선이 들지 않는 서늘한 곳에 두고 촉촉함을 유지할 수 있도록 물 주기를 잊지 않습니다.
6. 싹이 오르면 볕이 드는 창가로 옮겨주고, 2~3일에 한 번씩 겉흙을 만졌을 때 건조하다면 물을 줍니다.
7. 약 한 달이 흐르고, 잎이 세 마디 이상 커지면서 꽃봉오리가 맺히면 지름과 높이가 20cm 이상인 화분으로 분갈이합니다.
8. 1/3까지 상토를 채운 화분에 줄기콩과 흙 전체를 들어올려 옮겨준 뒤, 빈 공간에 흙을 채워줍니다.
9. 물을 흠뻑 준 뒤, 2~3일에 한 번씩 겉흙이 마르지 않도록 물을 줍니다.
10. 꽃이 지고 열매가 달리기 시작한 뒤부터 빠르게 자라기 시작하니 줄기콩이 10cm 이상이 되면 수확합니다.

줄기콩을 먹는 법

줄기콩 피클(600g 한 병 분량)

줄기콩 200g, 손가락 당근 100g, 래디쉬 10개, 로즈메리 1줄기, 피클 물 500mL

1. 줄기콩, 손가락 당근, 래디쉬를 씻은 후 물기를 제거해 주세요.
2. 씻은 줄기콩, 손가락 당근, 래디쉬를 먹기 좋은 한입 크기로 잘라주세요.
3. 소독한 병에 자른 줄기콩, 손가락 당근, 래디쉬, 로즈메리를 넣고 팔팔 끓은 피클 물을 부어주세요.
4. 하루 동안 상온에서 둔 후 냉장 보관하며 조금씩 덜어 먹습니다.

Tip   피클 물 만들기: 물 1컵, 식초 1컵, 설탕 1컵, 소금 0.5T, 피클링 스파이스 0.5t, 월계수 잎 2장을 모두 넣고 끓여주세요.

5

꽃 채소 기르기

보랏빛

나비,

비올라

이모와 숙모는 내가 어렸을 때부터 꽃집을 운영해 왔다. 꽃집을 운영하는 이모와 숙모를 보면서는 꽃이 아름답다는 기억보다 아름다운 꽃의 모습을 유지하기 위해 애쓰던 그들의 모습이 기억으로 남아 있다. 꽃을 꽂을 큰 물통에 물을 받고 무거운 통을 옮기는 이모의 모습이 나에게는 더 선명했다. 그 기억이 이어졌는지 꽃집을 둘러보는 것을 좋아하게 되었다. 언제나 내 눈길을 사로잡던 꽃은 튤립이나 백합, 금어초, 스토크처럼 크고 화려한 꽃이었다. 농장에서는 화려한 꽃도 키웠지만 비올라, 패랭이꽃처럼 들꽃도 함께 키웠다. 채소 박스에 넣을 꽃을 수확할 때는 주로 금어초나 스토크처럼 화려한 꽃을 수확하고 나면 언제나 비올라의 우선순위는 밀려났다.

  어느 날 한 농부가 다양한 색감의 비올라를 수확해 바닥에 일렬로 늘어놓았다. 그는 금어초나 스토크처럼 화려한 꽃보다 비올라 같은 들꽃이 좋다고 했다. 그 당시에는 '촌'스러운 취향이라고 생각했었다. 시간이 흘러 다음 해가 되자 비올라가 다시 꽃을 피워냈다. 분홍빛, 진분홍빛, 흰 빛깔이 겹겹이 쌓인 꽃잎을 떼어내고 다양한 색감의 비올라를 무리 지어 놓아보면 자세히 보아야 예쁘다는 그 말이 뇌리로 스친다. 이렇게 아름다운 색감을 가진 꽃을 촌스럽다며 무시했던 자신이 부끄러웠다. 들꽃이 아름답다고 말하던 그의 취향은 오랜 시간 작물을 길러오며 쌓인 내공이었으리라. 그야말로 세련된 취향을 가진 사람이었다. 여전히 나에게는 화려한 꽃도 예뻐 보이지만 남다른 생명력을 가진 비올라는 아름다움을 넘어서 자연의 위대함을 고스란히 담고 있는 불굴의 꽃처럼 느껴진다.

꽃 채소
바올라

바올라를 기르는 법

☀️	💧	🌡️	〜
빛이 잘 드는 곳	2~3일에 한 번	15~25℃	자주 환기

추천 품종	솔벳혼합
추천 흙	원예용 상토
파종	2월, 8월
모종	5월
수확	꽃이 폈을 때 수확합니다.
비료	비료를 주지 않아도 괜찮아요.

1. 제일 작은 화분^{3인치 또는 6cm}에 상토를 담아줍니다.
2. 물을 흠뻑 줍니다.
3. 화분 하나 당 씨앗 1~2개를 뿌려주세요.
4. 상토를 얇게 올려줍니다.
5. 다시 물을 흠뻑 준 뒤 직사광선이 들지 않는 서늘한 곳에 두고 촉촉함을 유지할 수 있도록 물 주기를 잊지 않습니다.
6. 싹이 오르기 시작하면 볕이 드는 창가로 옮겨주고, 2~3일에 한 번씩 겉흙을 만졌을 때 물기가 느껴지지 않는다면 물을 줍니다.
7. 꽃이 피었을 때 수확합니다. 식용으로 사용하고 싶다면, 꽃봉오리일 때 꽃줄기를 길게 잘라 물꽂이 해둔 뒤, 꽃잎이 활짝 폈을 때 사용합니다.

꽃 채소
비올라

비올라를 먹는 법

비올라 꽃전

비올라 20송이, 건식 찹쌀가루 1컵, 뜨거운 물 1컵, 소금 한꼬집, 설탕 1T

1. 비올라를 수술 깊숙이까지 깨끗이 씻어줍니다.
2. 물기가 빠질 수 있도록 채반에 얹어 둡니다.
3. 볼에 찹쌀가루를 넣고 가운데에 구멍을 내주세요.
4. 구멍에 물을 부어 주걱으로 섞어줍니다.
5. 손으로 반죽을 치대며 말랑말랑한 반죽을 만든 뒤 비닐에 30분 넣어 상온에 둡니다.
6. 비닐에서 꺼낸 뒤 젖은 면보로 반죽을 덮어줍니다.
7. 젖은 면보 안에 반죽을 조금씩 떼 지름 3cm의 공처

럼 동그랗게 만들어주세요.

8. 동그란 반죽이 넓적한 동그라미가 될 수 있도록 손으로 눌러줍니다.

9. 달군 팬에 기름을 두르고 반죽을 익혀 줍니다. 반죽이 앞뒤로 노릇하게 익었을 때 비올라를 올리고 뒤집어 익힌 뒤 바로 꺼내주세요.

이달의

초하루,

카렌듈라

진한 노란 빛으로 눈길을 사로잡는 카렌듈라는 색이 진해 염료로도 충분히 매력적인 식용 꽃이다. 카렌듈라에 특별한 향이 있거나 맛이 있지는 않다. 하지만 카렌듈라가 가지고 있는 살균 효과로 화장품에 많이 사용된다.

어릴 때부터도 피부가 예민하긴 했지만 이상하게 도시에서 농촌으로 온 뒤로 피부가 더 예민해졌다. 물이 안 맞아서 그럴 수도 있다고 했지만 오 년이 지난 지금까지도 로션같은 기초 화장품에도 피부가 뒤집힌다. 피부 장벽을 채워준다는 비싼 화장품을 써봐도 효과를 본 적은 없었다. 그러다 카렌듈라를 직접 키우는 선생님이 카렌듈라로 오일을 만드는 방법을 가르쳐 주었다. 이 오일의 매력은 카렌듈라 꽃을 눈으로 다 즐기고 난 뒤에 지는 잎을 활용한다는 점이었는데, 기름을 쓸 때마다 기른 작물을 알뜰하게 활용할 수 있다는 생각 때문인지 항상 기분이 좋아지곤 했다. 카렌듈라 꽃의 진한 색이 흐릿하게 느껴진다면 꼭 한번 만들어보는 것을 추천한다.

꽃 채소
카렌듈라

카렌듈라를 기르는 법

☀️ 빛이 잘 드는 곳	💧 2~3일에 한 번	🌡️ 15~25℃	〰️ 가끔 환기

추천 품종	금잔화
추천 흙	원예용 상토
파종	2월, 8월
모종	5월
수확	꽃봉오리일 때, 잎이 활짝 폈을 때 수확합니다.
비료	비료를 주지 않아도 괜찮아요.

1. 제일 작은 화분^{3인치 또는 6cm}에 상토를 담아줍니다.
2. 물을 흠뻑 줍니다.
3. 화분에 씨앗을 흩뿌려 줍니다.
4. 상토를 얇게 손으로 흩뿌려 줍니다.
5. 다시 물을 흠뻑 준 뒤 직사광선이 들지 않는 서늘한 곳에 두고 촉촉함을 유지할 수 있도록 물 주기를 잊지 않습니다.
6. 싹이 오르기 시작하면 작은 화분 하나에 하나의 싹이 날 수 있도록 싹을 옮겨 심습니다. 볕이 드는 창가에서 2~3일에 한 번씩 겉흙이 마른 듯한 느낌이 나면 물을 줍니다.
7. 카렌듈라는 해를 보면 활짝 잎을 피고, 해가 지면 잎을 닫기 때문에 낮에 수확합니다.

꽃 채소
카렌듈라

카렌듈라를 먹는 법

카렌듈라 레몬 젤리

카렌듈라 잎 10장, 레몬 2개, 한천 가루 1t, 물 70ml, 설탕 4T

1. 레몬 껍질을 벗기고 레몬 과육을 체에 걸러내어 줍니다.
2. 레몬 과육, 물, 설탕, 한천 가루를 잘 섞어주세요.
3. 냄비에 2를 넣고 낮은 온도에서 탄성이 가질 때까지 저어주세요.
4. 숟가락으로 떨어뜨렸을 때 물처럼 흐르지 않고 점성이 생기기 시작하면 불을 꺼주세요.
5. 틀에 부은 후에 카렌듈라 잎을 떨어뜨려 주세요.
6. 한 김 식힌 뒤 냉장고에 보관 후 차갑게 먹습니다.

Tip 카렌듈라 오일 만들기

❶ 수확한 카렌듈라의 잎만 떼내어 주세요.

❷ 잎에 수분감이 남지 않을 때까지 자연건조 시켜주세요.

❸ 건조된 잎을 소독된 병에 가득 담아줍니다.

❹ 호호바 오일을 병에 가득 차게 부어줍니다.

❺ 해가 드는 곳에서 1주~2개월 숙성시켜줍니다.

❻ 가끔 생각날 때마다 흔들어주세요.

❼ 원하는 숙성 기간이 되면, 커피 종이 거름망에 오일을 부어 잎과 오일을 분리해 줍니다.

❽ 오일만 따로 병에 보관 후 사용합니다.

자유 로운

헤엄,

금어초

농사를 짓는 사람도 몸을 쓰는 사람이라 운동선수처럼 몸 관리를 해야 한다는 말을 들었다. 일할 때면 그 말의 뜻을 가슴 깊이 새기게 된다. 주변에는 운동을 배울만한 곳이 없어 방법을 수색하다가 마을에 있는 '여성농업인센터'에서 하는 요가 수업을 등록했다. 일주일에 두 번씩, 빠지지 않고 일 년 동안 꾸준히 요가를 다녔다. 그런데 새벽에 농장에서 몸을 쓰고, 공복인 상태로 요가를 하고 나면 몸도 마음도 지쳐 집으로 돌아가 끼니를 대충 때우기 일쑤였다. 건강하지 않은 요가 루틴을 지속하다 농장 일상에서의 요가는 효과적이지 못한 운동이라는 걸 알게 되었다.

    내가 가장 좋아하는 운동은 '수영'이다. 수영장에서 특정 영법을 연습하거나 배운다기보다 물 위에 떠서 천장을 바라보고 둥둥 떠 있는 상태를 좋아한다. 그럴 때면 마치 우주에 떠 있는 것만 같은 기분이 들면서 마음이 평온해진다. 귀가 물에 살짝 잠기면 소리마저 울려서 지금이 현실인지 분간이 어려워진다. 어느 날, 지난 나의 농촌 생활을 돌이켜보니 근 6개월 이상 항상 슬프거나 우울하거나 화가 나는 날들이었다는 것을 확인하고 이렇게 살아서는 안 되겠다는 결심이 들었다. 가장 가까운 수영장을 찾아 버스를 타고 시내로 나갔다.

물 위에 둥둥 떠 있는 시간은 여전히 행복했지만, 수영장 단골 아주머니에게는 가십거리가 되었다. 수영을 못한다는 나의 말에 개헤엄을 알려준 아주머니는 내게 여기 사는지, 몇 살인지, 남자친구는 있는지 등의 질문을 했다. 아무래도 농촌에 사는 미혼 여성은 비슷한 질문을 많이 받게 되는 것 같다. 결혼 생각이 없다고 말하면 왜 없냐고 이야기가 길어지고, 만나는 사람이 있다고 말하는 것 역시 불편했다. 이런 상황이 반복되다 보니, 나는 자연스레 고개를 떨구고 걸으면서 마주치는 눈빛이 없도록 피하며 지내게 되었다. 하지만 이 적응기를 마치면 나는 다시 도시에서의 생활처럼 자연스럽고 편안한 헤엄을 구사하는 사람이, 좀 더 단단한 사람이 되어 있으리라는 상상을 한다.

꽃 채소
금어초

금어초를 기르는 법

☀️	💧	🌡️	〰️
빛이 잘 드는 곳	2~3일에 한 번	15~25℃	자주 환기

추천 품종	금어초 믹스
추천 흙	원예용 상토
파종	3~5월, 8~9월
모종	5월
수확	꽃봉오리가 3개 이상일 때 수확합니다.
비료	비료를 주지 않아도 괜찮아요.

1. 제일 작은 화분3인치 또는 6cm에 상토를 담아줍니다.
2. 물을 흠뻑 줍니다.
3. 화분에 씨앗을 흩뿌려 줍니다.
4. 상토를 얇게 손으로 흩뿌려 줍니다.
5. 다시 물을 흠뻑 준 뒤 직사광선이 들지 않는 서늘한 곳에 두고 촉촉함을 유지할 수 있도록 물 주기를 잊지 않습니다.
6. 싹이 오르기 시작하면 작은 화분3인치에 하나의 싹이 날 수 있도록 싹을 옮겨 심어줍니다. 볕이 드는 창가에서 2~3일에 한 번씩 겉흙이 마른 듯한 느낌이 나면 물을 줍니다.
7. 줄기가 15cm를 넘으면 지름 20cm, 높이 20cm 이상의 화분으로 옮겨 심어준 뒤, 지주를 세워줍니다.
8. 꽃봉오리가 3개 이상 달리면 수확합니다.

꽃 채소
금어초

금어초를 먹는 법

금어초 샐러드

금어초 색별로 3송이, 양상추 1/2통, 청포도 10알, 리코타 치즈 조금, 발사믹 글레이즈드 조금, 올리브유 조금

1. 양상추, 청포도, 금어초를 깨끗이 씻어주세요. 금어초는 수술 안까지 씻길 수 있도록 주의합니다.
2. 양상추는 한 입 크기로 자르고 청포도는 반으로 잘라주세요.
3. 양상추, 청포도, 리코타 치즈를 떼어내어 올리고 올리브유를 두른 뒤, 발사믹 글레이즈드로 지그재그 모양으로 그려줍니다.
4. 금어초를 곳곳에 놓아주세요.

189

푸른빛

깃털,

수레국화

푸른빛의 수레국화는 독일의 국화로 알려져 있다. 그래서인지 차를 많이 마시는 독일의 찻잎에는 수레국화 잎이 많이 들어 있다. 거무스름한 찻잎 속에 화려한 색이 있다면 대개 건조시킨 수레국화 잎이다. 수레국화에는 재미있는 유래가 있다.

아주 오래전에 북아메리카의 남부 대평원 지대에는 코만치라고 불리는 인디언 부족이 살고 있었다. 이 부족은 몇 해에 걸친 오랜 가뭄으로 주술사를 불러 기우제를 지내게 된다. 그때 나타난 주술사는 사람들의 욕심으로 땅에서 빼앗기만 한 결과라며 가장 소중한 것을 태워 제단에 바쳐야만 하늘의 영혼이 노여움을 풀고 비를 내릴 것이라 예언한다. 그 말을 들은 사람들은 눈치만 볼 뿐, 선뜻 자신의 소중한 것을 내어놓으려 하지 않았다. 사람들이 자리를 떠나고 홀로 남겨진 여자아이가 자신의 부모님이 돌아가시고 유일하게 남은 인형을 불에 태워 바치게 된다. 다음 날, 비가 내리고 소녀가 불에 태웠던 인형의 머리에 꽂혀있던 푸른색 깃털과 닮은 푸르른 꽃이 마을 언덕에 피어났다고 한다. 푸른 깃털을 닮은 꽃은 수레국화가 되었다.

꽃 채소
수레국화

수레국화를 기르는 법

☀️ 빛이 잘 드는 곳	💧 3~4일에 한 번	🌡️ 15~25℃	〰️ 자주 환기

추천 품종	수레국화(혼합)
추천 흙	원예용 상토
파종	9월~6월 발아 온도 20도만 맞춰주면 계절에 상관없이 파종이 가능합니다.
모종	5월
수확	꽃봉오리일 때 수확합니다.
비료	비료를 주지 않아도 괜찮아요.

1. 제일 작은 화분 3인치 또는 6cm에 상토를 담아줍니다.
2. 물을 흠뻑 줍니다.
3. 화분 하나 당 씨앗 1~2개를 뿌려주세요.
4. 상토를 얇게 올려줍니다.
5. 다시 물을 흠뻑 준 뒤 직사광선이 들지 않는 서늘한 곳에 두고 촉촉함을 유지할 수 있도록 물 주기를 잊지 않습니다.
6. 싹이 오르기 시작하면 볕이 드는 창가로 옮겨주고, 2~3일에 한 번씩 겉흙을 만졌을 때 물기가 느껴지지 않는다면 물을 줍니다.
7. 수레국화에 꽃봉오리가 맺힐 때 수확하여 꽃꽂이를 해 꽃이 피는 것을 보거나 활짝 핀 수술을 제외한 꽃잎을 떼내어 찻잎, 데코레이션 등에 활용합니다.

꽃 채소
수레국화

수레국화를 먹는 법

수레국화 쿠키

수레국화 건조 잎 10g, 건조 허브 가루(참깨나 검은깨로 대체 가능), 레몬 바질 5g, 레몬버베나 5g, 오일 90g, 박력분 350g, 물 100g, 설탕 120g, 소금 조금

1. 볼에 향이 강하지 않은 오일과 물을 섞은 뒤 설탕을 넣어 섞어주세요.
2. 박력분을 체에 쳐 1과 섞어주세요.
3. 박력분과 오일이 섞여 가루가 흩날리지 않을 때 수레국화 잎과 허브 잎을 넣어 섞어주세요.
4. 반죽을 밀대로 밀어 3mm 두께를 만들어주세요.
5. 쿠키 커터를 활용해 모양을 내줍니다.

6. 팬에 유산지를 깔고 반죽이 유산지에 달라붙지 않도록 버터나 오일을 유산지에 발라주세요. 이렇게 팬닝한 후 쿠키 반죽을 올리고 반죽을 포크로 콕콕 찔러주세요.
7. 고운 소금을 반죽 위에 살살 뿌려주고 150~160도로 예열 후 10~15분간 구워줍니다.

Tip 오븐 사양에 따라 온도와 시간이 다릅니다. 오븐 사양을 모른다면 150도로 10분 구운 뒤, 젓가락으로 쿠키를 찔러 반죽이 묻어나지 않는지 확인한 후에 다시 굽기를 추천합니다.

6

열매채소 기르기

들뜨는

마음,

딸기

우연히 농촌에 갔다가 도시로 돌아온 뒤로 농촌 앓이가 시작되었다. 회색빛의 건물과 대조되는 시야가 탁 트인 그곳이 계속 눈앞에 아른거렸다. 지금 삶의 터전이 된 이곳 농촌은 도시보다 공기가 안 좋은 경우가 더 많다. 그런데도 그때는 이곳의 공기가 너무나 상쾌하게 느껴졌다. 그렇게 도시에서 며칠 있지 못하고 다시 농촌으로 가는 기차에 올랐다.

    12월의 농촌이었다. 딸기 농사를 짓는 선생님이 크리스마스 선물이라며 직접 기른 딸기를 주었다. 크기도 형태도 제각각이지만 지금껏 먹어 본 딸기 중에 가장 향이 진하고 단 딸기였다. 딸기를 먹던 그때의 감동은 한마디로 설명이 되지 않았지만 자랑하고 싶은 맛이었다. 내가 이런 딸기를 먹을 수 있는 사람이라고 누구든 붙잡고 말하고 싶었다. 그리고 그 딸기는 연말 파티 음식 중 하나가 되었다.

열매채소
딸기

딸기를 기르는 법

☀️ 빛이 잘 드는 곳	💧 2~3일에 한 번	🌡️ 15~20℃	〰️ 자주 환기

추천 품종	스노우벨딸기, 사철딸기
추천 흙	한아름딸기 상토
모종	4~5월 마트에서 파는 딸기로 충분히 씨앗을 받을 수 있지만, 가드닝이 익숙하지 않은 사람들은 모종을 사서 키워보는 것을 추천합니다. 딸기는 많은 양의 햇빛이 있어야 하는 작물이라, 반드시 집 안으로 빛이 잘 드는지 체크하여 모종을 준비해 주세요.
수확	딸기 열매가 전체적으로 빨갛게 익으면 수확합니다.
비료	퇴비를 만들어 딸기 모종에서 5㎝ 떨어진 곳 둘레에 1/2T 뿌려줍니다.

1. 모종 크기의 5배 되는 화분을 골라주세요.
2. 모종이 꽃이 피어 있는 상태로 왔다면 지렁이 분변토와 같은 양분이 들어있는 흙을 사용하여 모종을 심어주세요.
3. 모종을 심은 뒤 물을 흠뻑 줍니다. 겉흙이 마르지 않도록 물 주기를 잊지 않고 딸기 앞 뒷면에 하얗게 흰 가루가 생기지 않았나 관찰해 줍니다.
4. 꽃이 맺히기 시작하면 암꽃과 수꽃을 구분하여 수꽃은 떼어줍니다.
5. 떼어 낸 수꽃을 암꽃에 수술이 부딪힐 수 있도록 문질러주세요.
6. 한 모종에서 동시에 암꽃이 2개 이상 달리지 않도록 암꽃도 떼어주어야 열매가 맛있고 크게 자랄 수 있어요. 수확 후에는 다시 또 꽃이 자라고 열매를 맺으니 꽃 따기를 두려워하지 마세요.

딸기를 먹는 법

푸른 딸기 셔벗

덜 익은 딸기 10알, 애플민트 잎 3장, 레몬즙 1T, 올리고당 조금

1. 익기 전 초록색의 딸기 중 만졌을 때 너무 딱딱하지 않은 딸기 10알을 수확합니다.
2. 깨끗이 씻어 믹서에 딸기, 애플민트, 레몬즙, 올리고당을 넣고 갈아줍니다.

Tip 재배 환경과 수확 상황에 따라 당도가 다르므로 맛을 보면서 올리고당을 첨가해 주세요.

밭의

보석,

파프리카

도시에서 농촌으로 이주를 결심한 뒤 농장에서 미니 파프리카를 만나게 되었다. 도시에 살 때는 파프리카를 먹을 일이 많지 않았다. 도시에서의 파프리카는 피망에 가까웠다. 장을 볼 때도 채소 코너에서 파프리카 집는 일은 꼬치 요리를 할 때 포인트를 주기 위해서 정도였다. 농촌으로 이주를 결심한 뒤 다시 농장에 방문했을 때였다. 한 농부가 파프리카 하나를 먹어보라고 주었는데 한 대 얻어맞은 것처럼 놀랐다. 파프리카가 과일이었나? 파프리카의 즙이 입에서 터졌고 단맛이 온 입에 풍겼다.

  피망과 파프리카를 헷갈리는 사람이 많다. 피망과 파프리카는 같다는 말도 맞고 다르다는 말도 맞다. 다르게 불리게 된 것은 어원이 어디에서 왔느냐의 차이인데 피망은 프랑스에서, 파프리카는 네덜란드에서 온 말이다. 둘 다 같은 채소인데 다른 언어로 불려서 두 가지 이름을 가지게 된 것이다. 나는 파프리카와 피망을 나눌 때 과육이 두꺼우면 파프리카, 과육이 얇으면 피망이라고 생각해 왔다. 피망에 대한 인상은 단맛이 없고 약간의 매운맛과 아삭함이 떠오르고, 파프리카는 아삭하고 물이 많고 달았다. 직접 기른 피망은 파프리카처럼 달지는 않지만 매운맛이 없고 아삭해서 파프리카와는 또 다른 매력을 가지고 있다. 비슷하지만 서로 다른 매력을 가진 파프리카와 피망을 함께 길러보는 것을 추천한다.

열매채소
파프리카

파프리카를 기르는 법

☀️ 빛이 잘 드는 곳	💧 2~3일에 한 번	🌡 20~28℃	≋ 자주 환기
추천 품종	달코미레드, 달코미오렌지, 달코미옐로		
추천 흙	원예용 상토		
파종	2월, 7월		
모종	5월~6월 열매채소는 모종을 사서 시작하는 것을 추천합니다.		
수확	열매가 색을 낼 때 수확합니다.		
비료	꽃이 피기 시작했을 때 퇴비나 지렁이 분변토를 줍니다.		

1. 파프리카 모종을 큰 화분^{하나의 모종에 지름 30cm 이상, 높이 30cm 이상 추천}에 심어줍니다.
2. 열매 작물 배합토는 흙 판매처에서 원예용 상토보다는 '지렁이 흙 분변토'와 같은 양분이 들어간 배양토를 사용하는 것을 추천합니다.
3. 모종을 심은 뒤 곁순을 잘라줍니다.
4. 꽃이 피기 시작하면 하나의 수술만 있는 꽃을 따서 여러 수술이 있는 곳에 비벼줍니다.
5. 한 모종에 3개 이상의 암술 꽃이 있다면 1개만 남기고 따주세요. 5개의 암술 꽃이 달렸다면, 2개만 남기고 따주세요.
6. 겉흙이 마르면 물을 줍니다. 물을 줄 때마다 곁순이 자라는 곳이 없는지 확인해 주세요. 곁순이 어릴 때 따주시는 것이 가장 좋습니다.
7. 꽃이 지고 초록색의 열매가 달리기 시작하면 열매가 익을 때까지 기다려줍니다.
8. 색이 들 때까지 겉흙이 마르지 않도록 확인합니다.
9. 꼭지 근처까지 색이 들면 수확합니다.

파프리카를 먹는 법

파프리카 잼

라온파프리카 5개(일반 마트에 파는 큰 파프리카는 1개), 설탕 70g(파프리카 양의 30%), 레몬즙 1T

1. 파프리카를 깨끗이 씻어 꼭지와 씨를 제거한 뒤 한 입 크기로 잘라주세요.
2. 자른 파프리카를 믹서에 넣고 갈아주세요.
3. 간 파프리카를 냄비에 넣고 끓여주세요.
4. 파프리카가 끓기 시작하면 설탕을 넣어주세요.
5. 바닥에 눌어붙지 않도록 저어가며 끓여줍니다.
6. 농도가 되직해지면 불을 끄고 레몬즙을 넣습니다.
7. 소독한 병에 담아 3주 안에 먹는 것을 추천합니다.

보들

보들

꼬투리,

완두

완두는 해가 바뀌고 가장 먼저 씨를 뿌리는 작물이다. 완두 씨를 뿌릴 때를 기점으로 올해는 어떻게 살아야 할까 고민하기 시작한다. 완두는 넝쿨이 지면서 지주를 타고 올라가 예쁜 꽃을 피우고 다시 귀여운 꼬투리를 맺는다. 완두가 자라는 과정을 보면 누구나 완두를 좋아하게 될 것이다. 지금은 완두보다 좋아하는 채소가 많아졌지만 비닐하우스 안을 완두가 두른 그린 커튼을 보면 언제나 위로받는다.

    새해가 되자마자 씨를 뿌려 모종이 된 완두는 대개 2~3월에 심고 4~5월에 수확기를 가지게 된다. 한창인 4~5월은 봄비가 자주 오는 시기인데, 지주를 타고 넝쿨이 진 완두와 봄비는 아름다운 풍경을 만들어내는 환상의 조합이다. 따뜻한 커피나 홍차를 마시며 봄비 소리를 들으며 바라보는 완두의 넝쿨은 유명 화가의 그림보다 더 진한 여운을 남긴다.

지중해 지역에서 태어나 중국을 거쳐 우리에게 온 완두는 서늘한 온도를 좋아하지만 밝은 빛을 좋아하는 채소다. 넝쿨손을 뻗어 몸을 지지해 자라는 넝쿨성 채소이기 때문에 제법 크게 자라나고 지주도 필요하다. 완두는 봄에서 여름까지 높이 자라나고 잎과 꽃도 아름다워 낮은 작물과 어울리게 배치하면 멋진 공간을 연출하기도 한다.

열매채소
완두

완두를 기르는 법

☀️ 빛이 잘 드는 곳	💧 2~3일에 한 번	🌡️ 10~20℃	〰️ 자주 환기

추천 품종	껍질째 먹는 완두콩 씨앗, 니무라헤이세이지고
추천 흙	원예용 상토
파종	2월, 8월 완두는 발아가 어렵지 않아 씨앗부터 기르는 것을 추천합니다.
모종	4~5월
수확	완두가 통통해지기 시작하면 주름이 지기 전에 수확합니다.
비료	꽃이 피기 시작하면 완두 모종 5㎝ 간격으로 원을 그리며 퇴비 1T를 살살 뿌려줍니다.

완두는 넝쿨손을 뻗어 서로 지지하면서 자라기 때문에 3~5개의 씨앗을 모아 심어주는 것이 좋습니다. 완두는 크게 자라기 때문에 처음부터 큰 화분을 선택해 주는 것도 방법입니다. 만약 작은 화분에서 기르다 옮겨 심어야 한다면 넝쿨손이 자라나 지주를 필요로 하기 이전에 해주세요. 지주를 제때 세워야 완두가 충분한 햇빛을 받아 열매를 맺기 때문입니다.

완두는 다른 콩처럼 뿌리혹박테리아의 도움을 받아 양분인 질소를 만들어내는 신비한 힘을 가지고 있지만, 생각보다 양분이 많이 필요한 채소입니다. 밑거름을 충분히 주고 만약 부족하다면 웃거름을 주어야 합니다. 완두는 수확과 함께 완두 안의 부드러운 당분이 딱딱한 전분으로 변하는 특성이 있습니다. 그래서 수확하자마자 바로 먹어야 완두의 진정한 맛을 즐길 수 있습니다.

1. 원하는 화분의 2/3까지 상토를 담아줍니다.
2. 구멍이 여러 개 달린 물뿌리개를 사용해 화분 속 상토를 고루 적셔 줍니다.
3. 3개의 완두콩을 삼각형 모양으로, 콩 크기의 2배 정도 깊이로 심습니다.

열매채소
완두

4. 물을 고루 뿌려준 뒤 볕이 잘 드는 곳에 놓습니다.
5. 2일에 한 번 물을 줍니다.
6. 완두콩이 10cm 이상 자라면 화분을 갈아 줍니다.
7. 기존 화분의 2배 정도 큰 화분에 상토를 1/3정도 깔아준 뒤 기존 화분의 완두콩을 뿌리가 부서지지 않게 화분을 뺀 전체를 들어 올려 새 화분으로 옮겨줍니다.
8. 비어 있는 공간을 상토로 채웁니다.
9. 완두콩이 심겨 있는 삼각형의 안쪽 중앙 정 가운데에 지주를 세워줍니다.
10. 틔운 싹이 지주를 타고 올라갈 수 있도록 줄기를 지주에 걸어줍니다.
11. 완두는 양분을 많이 필요로 하므로 완두 줄기에서 꽃이 피기 시작하면 웃거름을 줄기에서 5cm 지점의 원을 그리며 넣어줍니다.
12. 완두는 더위에 약하기 때문에 날이 더워지기 시작하면 음식물과 함께 섞어 퇴비화합니다.

완두를 먹는 법

슈가스냅 볶음

슈가스냅 두 줌, 다진 마늘 1t, 올리브유 1T, 소금 조금, 후추 조금

1. 완두의 품종 중 껍질째 생으로 먹을 수 있는 슈가스냅을 준비합니다.
2. 슈가스냅을 물에 씻어 낸 뒤 꼭지 끝을 잡아당기면 실처럼 힘줄이 딸려 옵니다.
3. 실을 제거한 후에 올리브유를 두르고 다진 마늘을 살짝 볶아냅니다.
4. 은은한 마늘 향이 올라오면 슈가스냅을 볶아줍니다.
5. 슈가스냅의 색이 진하게 올라오면서 살짝 숨이 죽으면 소금과 후추로 간을 하고 그릇에 담아냅니다.

Tip 슈가스냅은 오랫동안 가열하지 않습니다. 슈가스냅에 열을 가하면 단맛이 증가하지만, 너무 오래 가열하면 숨이 죽어 아삭힘이 사라집니다.

그
 해

여름,

방울토마토

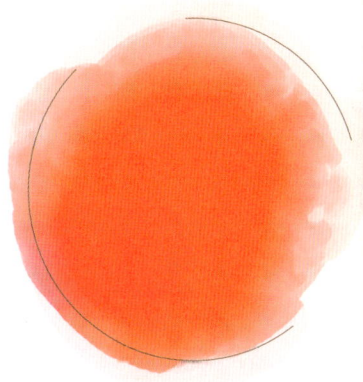

처음 홍성으로 이사왔을 때는 이 지역과 농촌이라는 환경에 적응하느라 몸살을 앓았다. 그해 여름은 유난히 뜨거웠고 뜨거운 여름에 몸도 마음도 지쳐가고 있었다. 새벽 일찍 농장에서 일을 마치고 돌아오면 다리에 힘이 풀리고 잠이 쏟아졌다. 일생에 한 번도 낮잠이 존재하지 않던 사람으로서 몸의 반응이 당황스러웠지만, 긴장이 풀리는 날에는 하루 꼬박 잠을 자는 것으로 스스로 보상을 했다. 강렬한 햇빛에 몸도 마음도 지친 와중에 강렬한 햇빛을 받은 방울토마토가 있었다. 갓 딴 방울토마토가 그렇게 맛있는지 처음 알게 된 것이다. 땀을 흘리며 일하다 바로 따서 먹을 수 있으니 얼마나 맛있겠는가. 그때의 달고 시원했던 방울토마토 맛은 지금도 잊을 수 없다. 토마토는 언제나 맛있지만 뜨거운 여름에 먹었던 방울토마토 맛과는 달랐다.

시간이 흐르면서 터지는 토마토로 인해 하루살이가 꼬이기 시작하는 부엌을 도저히 볼 수가 없었다. 양파를 볶다가 토마토를 왕창 넣어 토마토소스를 만들고 마지막에 바질을 곁들여 파스타를 해 먹었다. 직접 길러 먹는 토마토는 정말 달았다. 나에게 여름은 동글동글한 방울토마토가 되었다. 그해 여름은 끝없는 노동의 보상 없는 일상과 연고 없는 농촌 생활을 버틸 힘을 만들어주었다.

열매채소
방울토마토

방울토마토를 기르는 법

☀️ 빛이 잘 드는 곳	💧 2~3일에 한 번	🌡 20~30℃	〰 자주 환기

추천 품종	도토리 레드, 도토리 오렌지, 도토리 옐로우, 화이트조이, 블랙조이
추천 흙	원예용 상토
파종	2월 말 토마토는 햇빛을 좋아하기 때문에 2월 파종 시 냉해를 입지 않도록 조심해야 합니다.
모종	5월 모종으로 기른다면 다양한 색의 방울토마토를 기르기는 어렵지만, 열매 수확까지는 어렵지 않게 기를 수 있어요.
수확	열매가 익어 전체적으로 색을 띠면 수확합니다.
비료	꽃이 피기 시작했을 때 퇴비나 지렁이 분변토를 줍니다.

1. 화분 바닥에 코코넛 칩 또는 마사토를 깔아줍니다.
2. 화분의 2/3까지 상토를 채워줍니다.
3. 모종 크기에 맞춰 구멍을 내고 상토의 높이와 모종 높이가 일직선이 되도록 맞추어줍니다.
4. 겉흙이 마르면 물을 줍니다.
5. 잎이 3장 달리면 지지대를 세워줍니다. 고추 지지대를 구매해도 되지만 집 주변을 산책하며 기다랗고 튼튼하지만 얇은 나뭇가지를 찾아보세요. 길이는 1m가 좋습니다.
6. 꽃이 피고 지면서 열매가 달리면 토마토 화분 가장자리에 가깝게 비료 1T를 뿌려줍니다. 비료가 뿌리나 줄기에 직접 닿지 않아야 합니다.
7. 비료는 한 달 간격으로 주되 잎이 노랗게 변색되기 시작하면 주고, 건강하다면 조금 더 시간이 지난 뒤에 주어도 좋습니다. 과하게 주는 것보다 부족하게 주는 것이 좋으니, 한 숟갈 이상의 비료를 주지 않도록 주의합니다. 양분이 과해도 작물은 자라지 못하고 생명력을 잃습니다.
8. 원줄기 옆으로 자라는 곁순을 제거해 줍니다. 곁순

에서도 꽃이 피고 열매를 맺지만 너무 많은 순이 생기면 많은 양의 열매가 맺히기는 하지만 열매가 충분히 자라지 못합니다.

9. 초록색의 열매가 알록달록 진하게 익어가면 수확합니다.

Tip 씨앗부터 키운다면 지피펠릿에 씨앗 크기의 2배 깊이로 씨앗을 심어줍니다. 싹이 트기 전까지는 빛이 들지 않는 곳에 흙이 마르지 않도록 신경을 써주세요. 싹이 트면 11인치 이상의 화분에 옮겨 상토로 빈 공간을 매꾸어주고 빛이 드는 곳으로 옮겨주세요. 겉흙이 마르지 않도록 물을 줍니다.

곁순 제거 시에는 맨손보다는 장갑을 끼고 소독한 전정 가위를 사용하는 게 좋습니다. 곁순을 딴 곳에 균을 옮길 수 있어요.

열매채소
방울토마토

방울토마토를 먹는 법

방울토마토소스

방울토마토 30개(300g), 썬 드라이 토마토 20개, 대추야자(곶감으로 대체하거나 생략 가능) 2개, 마늘 2톨, 물 35mL, 식초 15mL, 소금 4g, 바질 4장

1. 모든 재료를 넣고 믹서에 갈아줍니다.

Tip 썬 드라이 토마토 만들기: 토마토를 잘라 200도 오븐에 15분 구운 뒤 다시 100도 오븐에 15분, 총 30분을 구워주세요.

방울토마토 마리네이드

방울토마토 30개(300g), 양파 1/4개, 올리브유 15㎖, 발사믹식초 5㎖, 레몬즙 5㎖, 꿀 또는 설탕 5g, 소금 1.5g, 다진 마늘 0.5t, 바질(취향껏)

1. 토마토는 깨끗이 씻어 꼭지 부분에 열십자(+) 모양으로 칼집을 내어줍니다.
2. 끓는 물에 토마토를 넣고 20~30초 데쳐냅니다.
3. 찬물에 씻어 껍질을 벗겨주세요.
4. 양파를 다진 뒤, 올리브유, 발사믹식초, 레몬즙, 꿀, 소금, 다진 마늘, 다진 바질을 섞어줍니다.
5. 토마토에 4를 붓고 섞어줍니다.

Tip 토마토소스와 토마토 마리네이드 모두 칼집을 내어 껍질을 벗겨내야하기 때문에 손질한 토마토로 두 가지 방법 모두 요리해 보세요!

7

뿌리채소 기르기

고소한
　　단맛,
비트

비트는 첫해부터 오 년간 꾸준히 기른 작물 중 하나다. 하지만 어떻게 먹어야 할지 고민이 많이 되는 작물이기도 했다. 주변에서 비트는 구워 먹어야 가장 맛있다고 했지만 구워 먹는 비트에서 느껴지는 흙 맛과 철분 향은 익숙해지지 않았다.

비트와 좀처럼 친해지지를 못하다가 비트와 사과를 갈아 먹어보았다. 믹서에 간 비트에서는 강한 단맛이 느껴졌다. 채소 시럽만 들어간 빙수가 있다고 하길래 비트의 강렬한 색감을 이용해서 채소 시럽을 만들기도 하고 비트와 크림치즈를 함께 갈아서 케이크 장식으로도 이용해 보기도 했다.

그렇게 여러 시도를 하다가 만난 것이 비트 페스토였다. 병아리콩과 비트를 함께 갈아 만드는 비트 후무스가 시

중에 판매되고 있었지만, 병아리콩 없이 비트만으로도 페스토와 필링으로 활용이 가능했다. 삶은 비트에서는 흙 맛이 사라지고 단맛만 남았다. 비트를 먹고는 싶은데 특유의 흙 맛 때문에 망설여지는 사람에게는 비트 페스토를 추천한다.

  직접 기른 비트의 장점은 뿌리와 잎을 모두 사용할 수 있다는 것이다. 뿌리는 뿌리대로 굽거나 삶고 잎은 샐러드로 먹어도 좋다. 샐러드 채소의 쓴맛을 싫어한다면 살짝 데쳐 먹어도 좋다.

뿌리채소
비트

비트를 기르는 법

| ☀️ 반그늘 | 💧 2~3일에 한 번 | 🌡️ 15~20℃ | 〰️ 가끔 환기 |

추천 품종	아틀란비트(레드비트), 비트 골든보이(노란 비트)
추천 흙	원예용 상토
파종	2월, 8월
모종	5월
수확	솟은 지름이 5㎝ 이상일 때 수확합니다.
비료	비료를 주지 않아도 괜찮아요.

비트는 지름 30cm나 12인치 화분에서도 잘 자랄 수 있습니다. 부분적으로 그늘이 지는 곳에서도 쉽게 자라기 때문에 볕이 아주 잘 드는 곳이 아니어도 괜찮습니다. 잎은 샐러드 채소로 먹을 수 있으므로 큰 화분에 샐러드 채소와 함께 기르는 것도 좋습니다. 비트는 뿌리채소이기 때문에 토양이 중요합니다. 앞의 뿌리용 흙 만들기를 참고하셔서 양분이 가득한 흙을 만들어 주세요.

1. 제일 작은 화분 3인치 또는 6cm에 상토를 담아줍니다.
2. 물을 흠뻑 줍니다.
3. 1구에 씨앗 1~2개를 씨앗 크기의 두 배의 깊이로 심어줍니다. 너무 깊게 심지 않도록 주의합니다.
4. 상토를 얇게 올려주거나 씨앗을 넣은 구멍을 손이나 도구를 활용하여 덮어줍니다.
5. 다시 물을 흠뻑 줍니다.
6. 싹이 올라올 때까지 촉촉한 상태를 유지하며 해가 들지 않는 곳에 둡니다.
7. 싹이 올라오면 해가 드는 곳으로 옮겨주고 겉흙을 만셨을 내 물기가 없다면 물을 줍니다. 2~3일에 한

뿌리채소
비트

번 주고 외부 온도가 26도 이상일 때는 매일 줍니다.

8. 올라온 비트 잎보다 화분이 작다고 느껴지면 물을 주기 전에 비트 잎을 잡고 살짝 들어 올려봅니다. 뿌리까지 통째로 쉽게 들어 올려진다면 3인치 화분의 2~3배 크기의 화분으로 옮겨줍니다. 이때 상토를 밑에 깔아준 뒤 화분의 끝 선 2cm에 아래 깊이에 비트 모종이 일직선으로 유지될 수 있도록 상토를 채워줍니다.

9. 물을 흠뻑 준 뒤 2~3일간 새로운 화분에 적응하고 있는지 지켜봅니다. 2~3일에 한 번 겉흙을 만졌을 때 마른 듯한 느낌이 들면 물을 줍니다.

10. 뿌리 구가 7cm 이상이 되면 수확할 수 있습니다.

비트를 먹는 법

비트 페스토(450g 분량)

비트(비트 잎 포함하여) 300g, 올리브유 90g, 아몬드 90g, 통마늘 또는 다진 마늘 40g, 통후추 5g, 소금 6.5g

1. 비트를 1/4로 자른 뒤 비트가 잠기도록 물을 부어준 후 푹 끓여주세요.
2. 젓가락을 넣었을 때 푹 찔러진다면 불을 끄고 비트 잎을 넣어줍니다.
3. 비트 잎의 숨이 죽으면 비트와 비트 잎 모두 건져냅니다.
4. 올리브유, 아몬드, 통마늘, 통후추, 소금을 넣고 믹서에 갈아줍니다.

Tip   비트 페스토는 랜치 소스를 곁들인 샌드위치나 파스타에 잘 어울립니다.

둥그런 웃음,

순무

농장에 많은 교육생이 오고 간다. 그중 매년 봄마다 나를 찾아오는 교육생 두 명이 있다. 그들과 나, 세 명이 벚꽃 길을 하염없이 걷다가 발에 물집이 잡힌 채로 돌아왔던 날도 기억난다. 일을 마치고 배가 고파 국수를 잔뜩 주문해 놓고 다 먹지 못해 쩔쩔매던 날도 있고, 빙수를 먹으며 자신의 지난 이야기들을 이야기를 늘어놓는 날도 있었다. 봄이 되면 그들과의 추억이 새록새록 찾아온다. 두 사람은 일본 유학생 출신이라 일본 채소나 농업에 대해서 자주 이야기해 주었다. 일본에서는 채소 빙수를 파는데, 얼음을 갈아서 채소 시럽을 부어서 먹는다고 한다. 그들과 나는 여름을 앞두고 비트로 채소 빙수를 준비하기도 하고, 부엌 나무 바닥을 사포질하고 스테인도 바르면서 공간을 재정비하는 날을 보내기도 했다. 일본 농업용품 판매 사이트에서 농업용 장화, 앞치마, 작업복, 모자 등을 쇼핑하기도 하고, 일본 종묘상에서 씨앗 쇼핑을 하기도 했다. 그때 만난 채소가 '하쿠레이 순무', 한국에는 없는 하얀색 순무다. 순무 수프를 한국에서는 만들어 먹어 본 적이 없지만, 올해부터 순무 수프를 만들며 따뜻했던 그 봄날을 추억하기로 했다.

뿌리채소
순무

순무를 기르는 법

☀️	💧	🌡️	〰️
반그늘	2~3일에 한 번	15~20℃	가끔 환기

추천 품종	하쿠레이 순무(하얀색 순무), 강화 순무
추천 흙	원예용 상토
파종	2월, 8월
수확	솟은 무 지름이 5㎝ 이상일 때 수확합니다.
비료	비료를 주지 않아도 괜찮아요.

순무는 배추의 친척이다. 쉽게 말하면 배추에서 뿌리가 발달한 것이 순무다. 그래서 순무는 일반 무와 다르게 잎까지 먹을 수 있다. 우리나라에서 나오는 순무는 '강화 순무'밖에 없지만 여기서 추천하는 순무는 '코카브'라는 하얀색의 순무다.

현재 강화도에서 기르는 강화 순무는 서양인이 강화도에 머물면서 '터닙'과 '루타바'를 교잡하여 만든 순무다. 그래서 유럽에서도 강화 순무를 어렵지 않게 만나볼 수 있다. 순무는 분홍색, 흰색, 흰색과 보라색^{강화 순무}이 있는데 이 세 가지의 순무는 색만 다른 것이 아니라 맛도 조금씩 다 다르다. 흰색 순무는 더욱 부드럽고 강화 순무처럼 순무 특유의 향과 맛이 진하지 않다. 분홍색 순무 역시 순무 특유의 향과 맛이 약한 편이지만 흰색 순무보다는 아삭한 편이다.

1. 지름 20cm 이상의 화분에 상토를 담아줍니다.
2. 물을 흠뻑 주어 상토를 적셔 줍니다.
3. 순무 씨앗을 10~15cm 간격으로 심어줍니다.
4. 다시 물을 흠뻑 준 뒤 직사광선이 들지 않는 서늘한 곳에 두고 촉촉함을 유지할 수 있도록 물 주기를 잊지 않습니다.

5. 싹이 오르기 시작하면 볕이 드는 창가로 옮겨주고, 2~3일에 한 번씩 겉흙을 만졌을 때 물기가 느껴지지 않는다면 물을 줍니다.
6. 솟아오른 순무 구 윗면의 지름이 5cm 이상이 되면 수확합니다.

TIP 순무는 배추과 작물로 까칠한 무 잎과는 다릅니다. 순무 잎 전체를 생으로 먹을 수 있어요.

순무를 먹는 법

순무 수프

순무 400g, 물 또는 채수 400mL, 양파 1/4개, 버터 10g, 딜 조금

1. 순무를 깍둑썰기 해주세요.
2. 밀크팬에 버터를 녹인 뒤 자른 순무와 양파를 볶아주세요.
3. 볶은 순무와 양파에 물 또는 채수를 넣어 순무가 뭉근해지도록 끓여줍니다.
4. 순무와 양파가 숟가락으로 뭉개지면 핸드 믹서로 살아준 뒤 그릇을 덜어내고 딜 잎을 잘게 찢어 올려줍니다.

발그레한

방울,

래디쉬

"학교를 졸업한 모든 학생이 그래픽 디자이너가 되라는 게 아니에요. 디자인은 인생을 살아가는 하나의 기술입니다." 이 말에 홀려 막연하게 마음속에 자리 잡고 있던 꿈의 학교를 만난 것 같았다. 말을 하기 시작했을 무렵부터 뭔가를 오리고 붙이고 알 수 없는 형태의 무언가를 만들고 있었더랬다. 사진기가 무서웠는지 사진 속의 나는 울고 있지만 대체로 손에 무언가를 들고 있거나 스티커들이 얼굴 이곳저곳에 붙여져 있었다. 누군가에게 무언가를 만들어주는 것을 좋아했는데, 그 선물을 만드는 과정이나 전달하기까지의 과정에서 올라오는 두근거림을 즐겼던 거 같다. 어렸을 때는 정말 내성적이어서 친구를 사귀는 것조차 입을 열기가 어려워 말 대신 행동이나 쪽지로 마음을 표시하고는 했다.

오금이 저리는 두근거림은 이제 희미해져 알 듯 말 듯한 느낌만이 남아 있다. 마지막으로 느꼈던 두근거림은 학

교에 입학해 이상한 어떤 형태를 만들어낼 때가 그랬다. 농촌으로 내려와 먹는 것을 기른다는 것은 지금까지 이상한 형태들을 만들어 오면서 '가치 없는 것의 가치'에 대한 죄책감에서 벗어날 수 있게 해주었다. 특히, 봄이 오면 쑥 솟아나는 작고 작은 래디쉬를 보고 있으면, 지금까지 내가 쫓았던 아름다움은 이미 실재하고 있던 것들이고, 내가 추구했던 아름다움이 모두 허상이 아니었나 싶을 정도로 지난 시간이 헛헛해질 때가 있다. 신은 어떻게 이렇게 귀엽고 예쁜 것을 먹으라고 만들었을까? 하얗고 짙은 분홍빛 뿌리에 초록빛의 잎마저 사랑스러운 이 생물체를. 이보다 더 아름다운 게 있을까?

래디쉬를 기르는 법

☀️ 반그늘	💧 2~3일에 한 번	🌡️ 15~20℃	〰️ 가끔 환기

추천 품종	적환무(20일무)
추천 흙	원예용 상토
파종	9월~6월 여름철 제외하고 언제든 가능합니다.
모종	5월
수확	파종 후 한 달 이내
비료	비료를 주지 않아도 괜찮아요.

래디쉬는 훌륭한 실내 작물입니다. 너무 덥거나 추운 날씨를 피하면 20일만에 수확할 수 있어서 한국에서는 '20일 무'라고도 합니다. 래디쉬는 씨 뿌리기부터 수확까지 작은 화분 가능합니다. 씨앗 1개당 화분 지름이 7cm, 높이는 7cm면 충분해요. 공간을 효율적으로 사용하기 위해 다른 작물샐러드 채소, 뿌리채소 등 사이에 씨를 뿌려 함께 기르는 것도 좋은 방법입니다. 모종을 내는 것보다 직접 씨를 뿌려 재배해 보세요.

1. 원하는 화분에 상토를 담아줍니다.
2. 물을 흠뻑 주어 상토를 적셔 줍니다.
3. 래디쉬 씨앗을 6~7cm 간격으로 씨앗을 심어줍니다.
4. 다시 물을 흠뻑 준 뒤 직사광선이 들지 않는 서늘한 곳에 두고 촉촉함을 유지할 수 있도록 물 주기를 잊지 않습니다.
5. 싹이 오르기 시작하면 볕이 드는 창가로 옮겨주고, 2~3일에 한 번씩 겉흙을 만졌을 때 물기가 느껴지지 않는다면 물을 줍니다.
6. 래디쉬 윗면이 3cm 이상 올라오면 수확합니다. 너무

뿌리채소
래디쉬

더운 여름과 추운 겨울에는 래디쉬를 자르면 바람이 들어 있는 경우가 많으니 수확을 피해주세요.

Tip 래디쉬는 가장 짧은 시간에 수확할 수 있어 입문자에게 추천하는 작물입니다.

래디쉬를 먹는 법

래디쉬 피클

래디쉬 20개, 로즈메리 1줄기, 피클 물 500mL

1. 래디쉬를 깨끗이 씻어 한입 크기로 잘라주세요.
2. 소독한 병에 자른 래디쉬, 로즈메리를 넣고 팔팔 끓인 피클 물을 부어주세요.
3. 하루 뒤 바로 먹지 않는다면 냉장 보관하며 조금씩 덜어 먹습니다.

Tip 피클 물 만들기: 물 1컵, 식초 1컵, 설탕 1컵, 소금 0.5T, 피클링 스파이스 0.5T, 월계수 잎 2장을 모두 넣고 끓여주세요.

지금 지내는 홍성은 십 년 전에 일터가 될 뻔한 곳이다. 그때는 농촌에 대한 환상을 막연히 가지고 어떻게 살아야 할지를 고민하던 시기였다. 홍성이 충남인지 강원도인지도 모른 채로 홍성의 한 농부 선생님을 만나게 되었다. 선생님과의 대화를 이어가자 따뜻할 것만 같은 홍성에 냉랭한 한기를 느끼게 되었다. 홍성에나 가볼까 하는 단순한 마음으로는 그곳에서 살아갈 수 없을 것을 직감했다. 홍성이 충남인지 강원도인지 여전히 모른 채 다시 시간이 흘렀다.

그렇게 육 년이 지나 홍성에 출장을 가게 되었다. 다시 만난 농부 선생님의 농장을 우연히 보게 되었는데 당근 잎을 그렇게 가까이에서 본 것은 처음이었다. 빽빽하고 무성한 당근 밭이 아니라 당근 잎 자체의 생김새를 고스란히 느낄 수 있는 밭이었다. 당근 잎이 화려한 꽃다발처럼 느껴졌다. 채소도 꽃이 될 수 있다는 것을 처음으로 알게 되었다.

밭에는 다양한 작물이 아름다운 형태로 자라고 있었다. 적양배추는 진한 보랏빛의 거대한 꽃이었고 파프리카는 색색의 화려한 열대 나무 같았다. 잎만 예쁜 줄 알았던 당근은 쑥 뽑히더니 너무나 아름다운 주황빛을 뽐내었다. 자연이 만들어낸 절대 따라 할 수 없는 진한 주홍색과 초록색, 자연의 색이 시선과 마음을 동시에 강타했다. 당근이 이렇게 선명하고 예쁜 작물이었나. 지금껏 마트에서 사 먹었던 당근은 더 이상 당근이 아니었다. 매대 위에서 잎이 잘린 채로 뿌리만 존재하는 당근이 전부인 줄로만 알았던 지난 시간이 안타까워지는 순간이었다.

  시각예술을 하고 싶어 존경하던 연출가의 팀으로 소속되어 일했던 시간은 나에게 무능력을 입증하는 시간이었다. 뭐라도 해야 할 것 같은 압박에 밤을 새다가 화장실 변기에 가만히 앉아 이런 삶은 살고 싶지 않다는 생각을 했다. 어떤 삶을 살고 싶은지 고민 끝에 저녁이 있는 삶. 주어진 시간에 일하고, 일을 마치면 나의 시간이 시작되는 그런 삶. 수고한 나를 위해 맛있는 음식을 대접할 수 있는 삶. 맛있는 식사를 사랑하는 사람들과 나눌 수 있는 삶. 그런 삶을 살고 싶었다. 서울로 돌아온 뒤로 당근에 홀린 듯 홍성에 대한 생각으로 머리가 가득 찼다. 그만 도피하고 삶에 뿌리를 내리라고 말하는 것 같았다. 결국 3개월간 홍성과 서울을 왔다 갔다 하다가 졸업 전시가 끝남과 동시에 서울 집을 정리하고 홍성으로 터를 옮겼다.

뿌리채소
당근

당근을 기르는 법

반그늘	2~3일에 한 번	15~20℃	가끔 환기

추천 품종	손가락 당근
추천 흙	원예용 상토
파종	2월, 7월
모종	5월
수확	파종 후 2개월 당근 잎이 5장 이상, 줄기 두께가 5mm 이상이거나 5줄기 이상으로 자라면 수확합니다.
비료	비료를 주지 않아도 괜찮아요.

여름 당근은 시원한 맛을 느낄 수 있고 추운 겨울을 지낸 겨울 당근은 전분이 당분화로 변해 진한 맛의 당근을 맛볼 수 있습니다. 당근은 뿌리 장애가 있을 수 있으므로 모종을 내지 않고 직접 씨를 뿌립니다. 씨앗이 작으므로 화분에 얇게 직접 흩뿌리는 것을 추천합니다. 씨앗 위에 상토 역시 얇게 흩뿌려 줍니다. 싹이 난 뒤에는 수확 시 당근의 크기를 고려하여 약 3cm 간격으로 하나의 싹만 남기고 뽑아줍니다.

당근 파종은 이른 봄부터 중순까지 한 번, 늦여름에 한 번. 1년에 두 번 씨앗을 뿌릴 수 있습니다. 화분에 씨앗을 계속 뿌리거나 다른 작물과 함께 심습니다. 물론 길쭉한 당근의 형태를 원하신다면 깊이가 깊은 화분을 선택하셔야 합니다. 래디쉬는 당근이 크는 동안 수확할 수 있어 함께 심는 것을 추천합니다.

당근은 봄 재배보다는 늦여름에 씨를 뿌려 겨울에 수확하는 가을 재배를 추천합니다. 달큼한 당근 맛을 느낄 수 있어요. 당근은 양분이 아직 분해되지 않은 퇴비나 양분이 과하게 많은 토양에서는 튼튼하게 자라지 않습니다. 반드시 숙성된 퇴비를 사용하고 일반 퇴비를 구매하여 사용한다면 구매 후 1년 뒤에 사용하시는 것이 좋습니다. 음식물로 직접 만

뿌리채소
당근

든 퇴비를 사용하신다면 약간의 모래^{마사토}를 섞어 사용하세요.

1. 지름 20cm 이상의 화분에 1/5까지 상토를 채워주세요.
2. 씨앗을 흩뿌려 주세요.
3. 상토 한 줌을 씨앗 위에 살살 뿌려주세요.
4. 싹이 틀 때까지 서늘한 곳에서 물이 마르지 않도록 해주세요.
5. 싹이 나면 10cm 간격에 맞추어 싹을 뽑아줍니다.
6. 겉흙이 마르면 물을 주어요.
7. 당근 잎이 5장 이상, 줄기 두께가 5mm 이상, 3줄기 이상 되면 수확합니다.

뿌리채소
당근

당근을 먹는 법

당근 파스타

당근 2개, 올리브유 3T, 마늘 2톨, 페퍼론치노 3개, 소금 조금, 후추 조금

1. 당근을 스파이럴 라이저로 얇게 면처럼 뽑아냅니다.
2. 팬을 달군 뒤 올리브유를 두르고 편 썬 마늘과 페퍼론치노를 볶아줍니다.
3. 얇게 뽑은 당근 면을 볶아줍니다.
4. 당근이 부드러워지면 소금과 후추로 간을 합니다.

당근 잎 페스토

당근 잎(줄기가 아닌 줄기 옆의 잎만 떼어 사용) 10g, 마늘 1톨, 올리브유 60g, 아몬드 20g, 소금 1g, 통후추 1g, 파르메산 치즈 또는 그라나 파다노 치즈 20g(생략 가능)

1. 믹서에 재료를 모두 넣고 갈아줍니다. 믹서 출력에 따라 통후추는 갈아서 넣어줍니다.

당근 구이

당근 200g, 올리브유 1T, 소금 조금, 후추 조금

1. 당근을 올리브유, 소금, 후추에 버무려 200도 오븐에서 25분 또는 팬에 구워줍니다.

우리 집 채소 생활

집에서도 쑥쑥 크는 향긋한 채소들,
기르는 법부터 먹는 법까지

초판 1쇄 인쇄 2022년 4월 15일
초판 1쇄 발행 2022년 4월 26일

지은이	이윤선
펴낸이	이준경
편집장	이찬희
책임편집	김한솔
편집	김아영
책임디자인	김정현
디자인	정미정
마케팅	양지환
펴낸곳	지콜론북

출판등록	2011년 1월 6일
	제406-2011-000003호
주소	경기도 파주시 문발로 242 3층
전화	031-955-4955
팩스	031-955-4959
홈페이지	www.gcolon.co.kr
트위터	@g_colon
페이스북	/gcolonbook
인스타그램	@g_colonbook

ISBN 979-11-91059-27-4 12590
값 18,000원

이 책은 저작권법에 의해
보호를 받는 저작물이므로
무단 전재와 복제를 금합니다.
또한 이미지의 저작권은
작가에게 있음을
알려드립니다.
The copyright for every artwork
contained in this publication
belongs to artist.
All rights reserved.

잘못된 책은 구입한 곳에서
교환해 드립니다.

지콜론북은 예술과 문화,
일상의 소통을 꿈꾸는
㈜영진미디어의 출판
브랜드입니다.